LA GLOIRE DE MON PÈRE

D0522413

Marcel Pagnol

MARCEL PAGNOL
de l'Académie française

LA GLOIRE
DE MON PÈRE

Souvenirs d'Enfance I

Edited with an Introduction and Notes by
JOSEPH MARKS M.A.

MODERN WORLD LITERATURE SERIES

Nelson

Thomas Nelson and Sons Ltd
Nelson House Mayfield Road
Walton-on-Thames Surrey
KT12 5PL UK

51 York Place
Edinburgh
EH1 3JD UK

Thomas Nelson (Hong Kong) Ltd
Toppan Building 10/F
22A Westlands Road
Quarry Bay Hong Kong

Thomas Nelson (Kenya) Ltd
P.O. Box 18123
Nairobi Kenya

Distributed in Australia by

Thomas Nelson Australia
480 La Trobe Street
Melbourne Victoria 3000
and in Sydney, Brisbane, Adelaide and Perth

First published in the French Language by Editions Pastorelly 1957
© Marcel Pagnol 1957
English edition with Introduction and notes © Harrap Limited 1962
First published by Harrap Limited 1962
(under ISBN 0-245-52248-4)
Reprinted ten times
Twelfth impression published by Thomas Nelson and Sons Ltd 1985
Reprinted 1986 (twice)
ISBN 0-17-444419-2
Print No. 04
Printed in Hong Kong

CONTENTS

« à la mémoire des miens. »
M. P.

INTRODUCTION

La Gloire de mon Père is a book of childhood memories which has given, and will assuredly continue to give, endless pleasure to tens of thousands of readers. The boy Marcel and the members of his family seem destined to take their place alongside Topaze, Marius, César and Fanny in that gallery of unforgettable figures which we owe to the magic pen of Marcel Pagnol, a writer whose rise to fame and fortune is almost without parallel in the annals of modern French literature. These amusing and affectionate souvenirs of a happy Provençal childhood, reminiscent of the best pages of Alphonse Daudet, of Paul Arène or of Mark Twain, abound in charming episodes and portraits, in little masterpieces of effective narrative and delicate emotion which cannot fail to appeal to old and young alike.

The turning-point in Marcel Pagnol's career came in 1928 with the phenomenal success of his play *Topaze*. Previous to that, his life had resembled that of many a young, ambitious and struggling writer who had left his native province to try his fortune in the literary world of Paris. He was born in Aubagne (Bouches-du-Rhône), near Marseilles, in 1895, the son of a humble *instituteur*, and his record at a Marseilles *lycée* was not particularly brilliant, if we are to judge by his last report for the year 1913, in which the comments were *mal*, *médiocre*, *nul* or *passable*. For English, however, the verdict was: *Sait bien l'anglais*, and thus encouraged Pagnol went on to take his *licence* in that subject and to teach at Tarascon, Pamiers, Aix and Marseilles. His youthful literary efforts included poems, two tragedies in verse (*Catulle* and *Ulysse chez les Phéniciens*) and the founding and editing of a periodical, *Fortunio*, for which he wrote, *inter alia*, a *roman-feuilleton* entitled *Le Mariage de Peluque*. This novel was later revised by Pagnol and rejected by two publishers, the first of whom, no doubt wishing to soften the blow, suggested

that the author should bring up to date a little French-English conversation manual with *prononciation figurée* of the type 'Shofer, conn'duisy moua â lâ plass Peeguell'! Pagnol gratefully accepted, but—fortunately—never perpetrated the atrocity. The novel, ultimately published by Fasquelle in 1932 under the title of *Pirouettes*, was an unpretentious, amusing account of the adventures of a group of Marseilles *lycéens*.

In 1922 Pagnol had gone to Paris and taught at the Lycée Condorcet. His life at that period was far from being one of luxury, but he was rich in friendships and later he was to write: "Je sais aujourd'hui que j'étais très pauvre, mais j'étais loin de m'en douter. J'avais des amis qu'aucun milliardaire n'aurait pu avoir." His first really serious efforts for the theatre came in the years 1925 and 1926 with *Les Marchands de Gloire*, *Direct au Cœur* and *Jazz* (the first two in collaboration with the late Paul Nivoix). *Direct au Cœur* was a failure, but the reception given to the other plays encouraged Pagnol to persevere as a dramatist. *Les Marchands de Gloire* was a bitter satire on those civilian survivors of the 1914-18 war, who, for their political or financial ends, exploited the heroism and sacrifices of the combatants. *Jazz*, a curious blend of realism and fantasy, told the story of an aging professor of Greek whose twenty years' laborious researches on a Greek manuscript are shown to be worthless. Disillusioned, he renounces his past and his life-work, but his belated attempts to recapture the spirit of youth and love end in tragedy. The theme of this *comédie dramatique* was a novel one, ingeniously treated with some striking stage-effects in which the protagonist is brought face to face with the "fantôme de sa jeunesse."

The triumphal success of his play *Topaze* (1928) brought Pagnol fame overnight. A long run in Paris was followed by productions, translations and film versions which met with world-wide acclaim. Once again Pagnol had turned to satirical comedy, this time on a theme of perennial and universal application—dishonesty in political and business spheres and the corrupting power of money. Topaze, a simple, honest teacher, is used by a crooked *conseiller municipal* as a figurehead, but succeeds in turning the tables on his

employer, and ends up by proclaiming to a former colleague: "L'argent peut tout, il permet tout, il donne tout." *Topaze*, the only successful work by Pagnol not based on his Provençal background, has been somewhat harshly dealt with by certain critics who, whilst admitting the play's undoubted merits and success, condemn, for example, what is considered to be an "assemblage de situations allégoriques et de caractères conçus pour leurs 'mots'" (H. Clouard), or see in it merely a "vaudeville," a "pièce fabriquée d'un bout à l'autre en utilisant les plus vieilles recettes. . . . La pièce n'allait pas bien loin et ramenait la satire à des mots et à des situations de gros théâtre" (P. Brisson). The play may not be a masterpiece, but it would be difficult to deny its verve, its racy humour, its skilful handling of dialogue and action.

The success of *Topaze* decided Pagnol to give up teaching in order to devote himself entirely to writing. Further triumphs followed, first in the theatre and then in the cinema, culminating in his election to the Académie française in 1946. In 1929 his play *Marius* had introduced to his adoring public the now legendary figures of César, Marius, Panisse, Escartefigue, Brun, Honorine and Fanny. Here and elsewhere Pagnol was to give expression to his deep and abiding affection for Marseilles and for his beloved Provence and its inhabitants. *Marius* was followed by its sequel *Fanny* (1931) and the film *César* (1936), which completed the trilogy and preceded the play of the same name, produced in 1946. The plays, film-versions and gramophone records of this well-known *trilogie marseillaise* have consolidated Pagnol's fame with audiences all over the world. An *opérette* entitled *Fanny* was evolved from the three plays and formed the basis of a new film version. The reasons for the enduring success of the trilogy are not far to seek: these eminently popular comedies are compounded of a judicious amalgam of various elements—wit and humour, reality and convention, homely, lovable characters, a touch of sentimentality, a humane and tolerant philosophy of life, skilful dramatic construction and dialogue, a picturesque setting.

Pagnol then abandoned the theatre for the cinema and launched his own company for the production of films based on scripts of his

own invention or adaptations of the works of other writers—
Jofroi, Angèle, Regain, Le Schpountz, Merlusse, Cigalon, Topaze, La Femme du Boulanger, La Fille du Puisatier, Naïs, La belle Meunière, Manon des Sources, Carnaval, Lettres de mon Moulin, etc. Here again his most successful efforts have been those which deal with his native Provence and its inhabitants.

Meanwhile Pagnol's pen had not been idle in other directions. In 1947 he published a translation of *Hamlet*. His *Notes sur le rire*, of the same year, maintained that in the theatre, the cinema or the circus, people laugh because the incidents which provoke their laughter arouse in them a feeling of superiority whether justified or not. In *La Critique des Critiques* (1949) he had some hard things to say about critics generally and in particular about those who scarcely deserve the name of 'critic.' He asks for more constructive and less destructive or envious criticism, particularly in the theatre and the cinema. He protests against "l'ignorance, l'injustice, le snobisme, et l'envie" and puts in a plea for those writers who, in spite of adverse judgments on the part of critics, have nevertheless registered successes: "La critique a grand tort de ne pas aimer le succès, car il n'est jamais facile, dans quelque métier que ce soit. Certes, il n'est pas la preuve du génie, mais tous les grands écrivains ont eu, de leur vivant, de très grands succès." To those who have reproached him with being too *facile*, too superficial, Pagnol has invariably been content to reply: "Comme je n'écris que pour le public, je suis rassuré par sa seule présence." Inevitably one recalls Molière's words in *La Critique de l'École des Femmes*: "Je voudrais bien savoir si la grande règle de toutes les règles n'est pas de plaire, et si une pièce de théâtre qui a attrapé son but n'a pas suivi un bon chemin. . . . Ne consultons dans une comédie que l'effet qu'elle fait sur nous. Laissons-nous aller de bonne foi aux choses qui nous prennent par les entrailles, et ne cherchons point de raisonnements pour nous empêcher d'avoir du plaisir."

Pagnol returned to the theatre in 1955 with *Judas, pièce en cinq actes,* an original treatment of a theme already dealt with by Paul Raynal in *A souffert sous Ponce-Pilate* (1939) and by Claude-André Puget et Pierre Bost in *Un nommé Judas* (1954). The lukewarm

reception of the play evidently surprised and disappointed Pagnol; in an interview (*Le Figaro littéraire*, juillet 1959) he is reported as follows: "Tout ce que j'ai écrit facilement, sans travailler, *Topaze*, *Marius*. . ., a eu beaucoup de succès; et quand j'ai voulu m'appliquer, faire quelque chose de bien, d'élaboré, j'ai échoué: avec *Judas*, par exemple, qui me tenait à cœur."

In 1957 the first volume of his *Souvenirs d'Enfance* was published under the title of *La Gloire de mon Père*; 1958 saw the appearance of *Les Bucoliques*, a translation in verse of Virgil's work, and the second volume of his souvenirs, *Le Château de ma Mère*. This was followed in 1960 by *Le Temps des Secrets*, and we are promised a fourth volume, *Le Temps des Amours*. In *La Gloire de mon Père*, an evocative record of his childhood, Pagnol is once again in surroundings which have always called forth in him the most felicitous reactions and enabled him to manifest those qualities which we noted as the basic elements of his *trilogie marseillaise*. To these must now be added a certain *sancta simplicitas*, an unaffected piety, a discreet and genuine filial devotion and emotion, all of which were to find further expression in the succeeding volumes.

In 1962 a Marseilles *lycée* was named after Pagnol, and our author published *L'Eau des Collines*, a novel in two volumes, *Jean de Florette* and *Manon des Sources*. When in an interview (*Les Nouvelles littéraires*, May, 1963) he was asked how he had come to pass from play-writing to novel-writing, he gave the following amusing account of the origin of his series of souvenirs:

— Un soir, dans un dîner, Hélène Lazareff me demande d'écrire, pour les lectrices d'*Elle*, un petit conte avec une histoire du temps où j'étais gosse que je lui avais racontée et qui lui avait plu. D'abord, j'ai essayé de me dérober. Je lui dis que ce n'est pas mon métier d'écrire des romans ou des nouvelles, que je ne suis qu'un auteur dramatique, que je sais tout au plus faire parler les gens. Elle insiste. Alors, comme je suis un menteur, je finis par lui promettre d'écrire le conte, bien décidé à n'en rien faire. Mais la voilà qui commence à me tarabuster au téléphone. Au téléphone, c'est plus facile de mentir: on ne te voit pas. Je lui réponds: « Oui, oui, ça vient

bien. » — « Combien as-tu écrit de pages? » — « J'en ai écrit six ».
Malheur! Le lendemain, voilà le cycliste qui vient ici les chercher.
Quand je lui réponds que je n'ai rien écrit, il me fait une scène de
désespoir: « On me flanque à la porte si je ne rapporte pas les six
pages. Vous n'allez pas me faire une chose pareille, monsieur
Pagnol! Je vous en supplie, écrivez-les, les six pages, qu'est-ce que
ça vous coûte? Écrivez-les! Je vais me promener pendant ce
temps. » Alors, qu'est-ce que tu veux? Je les ai écrites.

Et voilà qu'en écrivant, ça m'a intéressé. Tout à coup, j'ai revu
mes parents. Je les ai revus avec cette impression curieuse d'être,
moi, infiniment plus vieux qu'ils ne l'étaient à l'époque où je les
faisais revivre. Par rapport à l'homme que j'étais devenu, c'étaient
alors des enfants. Cette pensée m'a inspiré.

Les six pages ont proliféré. La nouvelle voit le jour dans *Elle*.
Succès. Les lettres de femmes affluent.

Tous les matins, j'en recevais des tas gros comme ça! Alors, je me
suis dit: « Tiens! C'est plus facile que je ne croyais d'écrire des
livres. Faisons-en un. » Je l'écris. Mais quand je porte le manuscrit
à l'imprimeur, un énorme paquet, il me dit: « Monsieur Pagnol, il
n'y a pas un livre, il y en a deux. » — « Qu'à cela ne tienne! On va
le couper en deux! » C'est comme ça que je suis devenu l'auteur de
La Gloire de mon Père et du *Château de ma Mère*.

— Que devait suivre *Le Temps des Secrets*. Et le quatrième
volume des « Souvenirs d'enfance », *Le Temps des Amours*, où en
est-il? Nous le donneras-tu bientôt?

— Je l'ai fini, mais je veux le refaire.

— Comptes-tu poursuivre, ensuite, l'évocation de tes souvenirs?

— Non. Tu penses bien que je ne vais pas raconter ma vie!

None the less that is precisely what Pagnol has done—in part at
least—in the prefaces he has written for the edition of his *Œuvres
complètes*.

Marcel Pagnol died on April 18th 1974.

PRINCIPAL WORKS OF MARCEL PAGNOL

Plays:
Jazz (Fasquelle, 1926)
Topaze (Fasquelle, 1928)
Marius (Fasquelle, 1929)
Fanny (Fasquelle, 1932)
César (Fasquelle, 1945)
Merlusse (Fasquelle, 1935)
Cigalon (Fasquelle, 1935)
Judas (Grasset, 1956)

Film Scripts:
La Fille du Puisatier (Fasquelle, 1940)
Regain, after the novel by Jean Giono (Les Films qu'on peut lire)
Angèle, after *Un des Baumugnes* by Jean Giono (Les Films qu'on peut lire)
La Femme du Boulanger, after a *nouvelle* by Jean Giono (Les Films qu'on peut lire)
Le Schpountz (Les Films qu'on peut lire)
La belle Meunière (Self, 1947)
Trois Lettres de mon Moulin, adaptation dramatique d'Alphonse Daudet (Flammarion, 1954)

Novels:
Pirouettes, revised edition with preface (Fasquelle, 1932)
La Gloire de mon Père (Pastorelly, 1957)
Le Château de ma Mère (Pastorelly, 1958)
Le Temps des Secrets (Pastorelly, 1960)
L'Eau des Collines: I *Jean de Florette;* II *Manon des Sources* (Editions de Provence, 1962)

Other works:
La Critique des Critiques (Nagel, 1949)
Notes sur le Rire (Nagel, 1947)
Hamlet, literal translation and preface (Nagel, 1947)
Bucoliques de Virgile, verse translation (Grasset, 1958)

NOTE

An asterisk in the text indicates that the word, phrase, or passage so marked is dealt with in the Notes beginning on page 169.

AVANT-PROPOS

Voici que pour la première fois — si je ne compte pas quelques modestes essais — j'écris en prose.

Il me semble en effet qu'il y a trois genres littéraires bien différents: la poésie, qui est chantée, le théâtre, qui est parlé, et la prose, qui est écrite.

Ce qui m'effraie, ce n'est point tant le choix des mots ou des tournures, ni les subtilités grammaticales — qui sont, finalement, à la portée de tout le monde: mais c'est la position du romancier, et celle, plus dangereuse encore, du mémorialiste.*

* * *

La langue du théâtre sonne au sortir de la bouche d'un acteur, elle doit paraître improvisée, la réplique doit être comprise du premier coup, car une fois passée, elle est perdue. D'autre part, elle ne peut pas être un modèle de style littéraire: ce n'est pas la langue d'un écrivain, c'est celle du personnage.

* * *

Le style d'un auteur dramatique est dans le choix des personnages, dans les sentiments qu'il leur prête, dans la démarche de l'action. Quant à sa position personnelle, elle doit rester modeste. Qu'il se taise! Dès qu'il veut faire entendre sa propre voix, le mouvement dramatique tombe: qu'il ne sorte pas de la coulisse*: nous n'avons que faire de ses opinions, s'il veut les formuler lui-même: ses acteurs nous parlent pour lui, et ils nous imposeront ses émotions et ses idées, en nous faisant croire que ce sont les nôtres.

* * *

La position de l'écrivain est sans doute plus difficile.

Ce n'est plus Raimu* qui parle: c'est moi. Par ma seule façon

d'écrire, je vais me dévoiler tout entier, et si je ne suis pas sincère — c'est-à-dire sans aucune pudeur — j'aurai perdu mon temps à gâcher du papier.

Il va donc falloir sortir des coulisses, et m'asseoir en face du lecteur qui me regardera fixement pendant deux ou trois heures : voilà une idée bien inquiétante, et qui m'a longtemps paralysé.

Cependant, j'ai examiné l'autre face de la question.

Le spectateur de théâtre porte un col et une cravate, et ce costume anonyme que les Anglais nous ont imposé.

Il n'est pas chez lui : il a payé fort cher pour venir chez moi. Enfin, il n'est pas seul, et il observe ses voisins, qui l'observent. C'est pourquoi il ne s'intéresse pas seulement aux rôles joués par mes comédiens, mais au sien propre, et il joue lui-même le personnage du spectateur intelligent et distingué.

Il manifeste* toujours : souvent il rit, ou il applaudit, et l'auteur dans la coulisse en est agréablement ému. Mais d'autres fois il tousse, il se mouche, il murmure, il siffle, il sort. L'auteur n'ose plus regarder personne, et il écoute, consterné, les explications toujours ingénieuses de ses amis : il n'ira pas souper dans une boîte de nuit.

Le lecteur — je veux dire le vrai lecteur — est presque toujours un ami.

Il est allé choisir le livre, il l'a emporté sous son bras, il l'a invité chez lui.

Il va le lire en silence, installé dans le coin qu'il aime, entouré de son décor familier.

Il va le lire seul, et ne supportera pas qu'une autre personne vienne lire par-dessus son épaule. Il est sans doute en robe de chambre ou en pyjama, sa pipe à la main : sa bonne foi est entière.

Cela ne veut pas dire qu'il aimera ce livre : il va peut-être, à la trentième page, hausser les épaules, il va peut-être dire avec humeur : « Je me demande pourquoi on imprime de pareilles sottises ! »

Mais l'écrivain ne sera pas là, et il n'en saura jamais rien ; et si son ouvrage ne se vend pas, son éditeur et complice amortira* parfois

la catastrophe en imprimant « 15e mille » sur les couvertures du troisième et dernier.*

Ainsi, quoique le grand succès d'un livre ait autant de mérite que celui d'une pièce, le « four » du prosateur est moins cruel.

Ce sont ces considérations, peu honorables, mais rassurantes, qui m'ont décidé à publier cet ouvrage, qui n'a, au surplus, que peu de prétentions: ce n'est qu'un témoignage sur une époque disparue, et une petite chanson de piété filiale, qui passera peut-être aujourd'hui pour une grande nouveauté.

Je suis né dans la ville d'Aubagne,* sous le Garlaban couronné de chèvres, au temps des derniers chevriers.

Garlaban, c'est une énorme tour de roches bleues, plantée au bord du Plan* de l'Aigle, cet immense plateau rocheux qui domine la verte vallée de l'Huveaune.

La tour est un peu plus large que haute : mais comme elle sort du rocher à six cents mètres d'altitude, elle monte très haut dans le ciel de Provence, et parfois un nuage blanc du mois de juillet vient s'y reposer un moment.

Ce n'est donc pas une montagne, mais ce n'est plus une colline : c'est Garlaban, où les guetteurs de Marius,* quand ils virent, au fond de la nuit, briller un feu sur Sainte-Victoire,* allumèrent un bûcher de broussailles : cet oiseau rouge, dans la nuit de juin, vola de colline en colline, et se posant enfin sur la roche du Capitole, apprit à Rome que ses légions des Gaules* venaient d'égorger, dans la plaine d'Aix, les cent mille barbares de Teutobochus.

<p style="text-align:center">* * *</p>

Mon père était le cinquième enfant d'un tailleur de pierres de Valréas, près d'Orange.

La famille y était établie depuis plusieurs siècles. D'où venaient-ils ? Sans doute d'Espagne, car j'ai retrouvé, dans les archives de la mairie, des Lespagnol, puis des Spagnol.

De plus, ils étaient armuriers de père en fils, et trempaient des épées dans les eaux de l'Ouvèze* : occupation, comme chacun sait, noblement espagnole.

Cependant, parce que la nécessité du courage a toujours été inversement proportionnelle à la distance qui sépare les combattants, les tromblons* et les pistolets remplacèrent bientôt les espadons* et les colichemardes* : c'est alors que mes aïeux se firent artificiers,* c'est-à-dire qu'ils fabriquèrent de la poudre, des cartouches et des fusées.

L'un d'eux, un arrière-grand-oncle,* sortit un jour de sa boutique à travers une fenêtre fermée, dans une apothéose d'étincelles, entouré de soleils tournoyants,* sur une gerbe de chandelles romaines.

Il n'en mourut pas, mais sur sa joue gauche, la barbe ne repoussa plus. C'est pourquoi, jusqu'à la fin de sa vie, on l'appela « Lou Rousti », c'est-à-dire Le Rôti.

C'est peut-être à cause de cet accident spectaculaire que la génération suivante décida — sans renoncer aux cartouches ni aux fusées — de ne plus les garnir de poudre, et ils devinrent « cartonniers », ce qu'ils sont encore aujourd'hui.

Voilà un bel exemple de sagesse latine: ils répudièrent d'abord l'acier, matière lourde, dure, et tranchante; puis la poudre, qui ne supporte pas la cigarette, et ils consacrèrent leur activité au carton, produit léger, obéissant, doux au toucher, et en tous cas non explosible.

Cependant mon grand-père, qui n'était pas « monsieur l'aîné », n'hérita pas de la cartonnerie,* et il devint, je ne sais pourquoi, tailleur de pierres. Il fit donc son tour de France,* et finit par s'établir à Valréas, puis à Marseille.

Il était petit, mais large d'épaules, et fortement musclé.

Lorsque je l'ai connu, il portait de longues boucles blanches qui descendaient jusqu'à son col, et une belle barbe frisée.

Ses traits étaient fins, mais très nets, et ses yeux noirs brillaient comme des olives.

Son autorité sur ses enfants avait été redoutable, ses décisions sans appel. Mais ses petits-enfants tressaient sa barbe, ou lui enfonçaient, dans les oreilles, des haricots.

Il me parlait parfois, très gravement, de son métier, ou plutôt de son art, car il était maître-appareilleur.*

Il n'estimait pas beaucoup les maçons: « Nous, disait-il, nous montons des murs en pierres appareillées,* c'est-à-dire qui s'emboîtent exactement les unes dans les autres, par des tenons et des mortaises, des embrèvements,* des queues d'aronde, des traits de Jupiter*... Bien sûr, nous coulions aussi du plomb dans des rainures, pour empêcher le glissement. Mais c'était incrusté dans les

deux blocs, et ça ne se voyait pas ! Tandis que les maçons ils prennent les pierres comme elles viennent, et ils bouchent les trous avec des paquets de mortier... Un maçon, c'est un noyeur de pierres, et il les cache parce qu'il n'a pas su les tailler. »

Dès qu'il avait un jour de liberté — c'est-à-dire cinq ou six fois par an — il emmenait toute la famille déjeuner sur l'herbe,* à cinquante mètres du pont du Gard.*

Pendant que ma grand-mère préparait le repas, et que les enfants pataugeaient dans la rivière, il montait sur les tabliers du monument, prenait des mesures, examinait des joints, relevait des coupes,* caressait des pierres.

Après le déjeuner, il s'asseyait dans l'herbe, devant la famille en arc de cercle, en face du chef-d'œuvre millénaire, et jusqu'au soir, il le regardait.

C'est pourquoi, trente ans plus tard, ses fils et ses filles, au seul nom du pont du Gard, levaient les yeux au ciel, et poussaient de longs gémissements.

J'ai sur ma table de travail un précieux presse-papier. C'est un cube allongé, en fer, percé en son centre d'un trou ovale. Sur chacune des faces extrêmes, un entonnoir assez profond est creusé dans le métal refoulé.* C'est la massette du grand-père André, qui frappa pendant cinquante ans la dure tête des ciseaux d'acier.

* * *

Cet homme habile n'avait reçu qu'une instruction sommaire. Il savait lire et signer, mais rien de plus. Il en souffrit secrètement toute sa vie, finit par croire que l'instruction était le Souverain Bien, et il s'imagina que les gens les plus instruits étaient ceux qui enseignaient les autres. Il se « saigna » donc « aux quatre veines»,* pour établir ses six enfants dans l'enseignement, et c'est ainsi que mon père, à vingt ans, sortit de l'Ecole Normale d'Aix-en-Provence, et devint instituteur public.*

Les écoles normales primaires étaient à cette époque de véritables séminaires, mais l'étude de la théologie y était remplacée par des cours d'anticléricalisme.*

On enseignait à ces jeunes gens que l'Eglise n'avait jamais été rien d'autre qu'un instrument d'oppression, et que le but et la tâche des prêtres, c'était de nouer sur les yeux du peuple le noir bandeau de l'ignorance, tout en lui chantant des fables, infernales ou paradisiaques.*

La mauvaise foi des « curés » était d'ailleurs prouvée par l'usage du latin, langue mystérieuse, et qui avait, pour les fidèles ignorants, la vertu perfide des formules magiques.

La Papauté était dignement représentée par les deux Borgia,* et les rois n'étaient pas mieux traités que les papes : ces tyrans libidineux ne s'occupaient guère que de leurs concubines quand ils ne jouaient pas au bilboquet*; pendant ce temps, leurs « suppôts » percevaient des impôts écrasants, qui atteignaient jusqu'à *dix* pour cent des revenus de la nation.

C'est-à-dire que les cours d'histoire étaient élégamment truqués dans le sens de la vérité républicaine.

Je n'en fais pas grief à la République : tous les manuels d'histoire du monde n'ont jamais été que des livrets de propagande au service des gouvernements.

Les normaliens frais émoulus* étaient donc persuadés que la grande révolution avait été une époque idyllique, l'âge d'or de la générosité,* et de la fraternité poussée jusqu'à la tendresse : en somme, une explosion de bonté.

Je ne sais pas comment on avait pu leur exposer — sans attirer leur attention — que ces anges laïques, après vingt mille assassinats suivis de vol, s'étaient entre-guillotinés eux-mêmes.

Il est vrai, d'autre part, que le curé de mon village, qui était fort intelligent, et d'une charité que rien ne rebutait, considérait la Sainte Inquisition* comme une sorte de Conseil de Famille : il disait

que si les prélats avaient brûlé tant de Juifs et de savants, ils l'avaient fait les larmes aux yeux, et pour leur assurer une place au Paradis.

Telle est la faiblesse de notre raison: elle ne sert le plus souvent qu'à justifier nos croyances.

* * *

Cependant, les études de ces normaliens ne se bornaient pas à l'anticléricalisme, et à l'histoire laïcisée. Il y avait un troisième ennemi du peuple, et qui n'était point dans le passé: c'était l'Alcool.

De cette époque datent *l'Assommoir*,* et ces tableaux effrayants qui tapissaient les murs des classes. On y voyait des foies rougeâtres, et si parfaitement méconnaissables (à cause de leurs boursouflures vertes et de leurs étranglements violets qui leur donnaient la forme d'un topinambour), que l'artiste avait dû peindre à côté d'eux le foie appétissant du bon citoyen, dont la masse harmonieuse et le rouge nourrissant permettaient de mesurer la gravité de la catastrophe voisine. Les normaliens, poursuivis, jusque dans les dortoirs, par cet horrible viscère (sans parler d'un pancréas en forme de vis d'Archimède,* et d'une aorte égayée de hernies) étaient peu à peu frappés de terreur. A la vue d'un verre de vin, ils faisaient une moue de dégoût. La terrasse des cafés, à l'heure de l'apéritif, leur paraissait une sorte de cimetière de suicidés. Un ami de mon père, ivre d'eau filtrée, en renversa un jour les tables, comme un Polyeucte* laïque qu'il était. Mais ce qu'ils haïssaient le plus farouchement, c'étaient les liqueurs dites « digestives », les bénédictines et les chartreuses, « avec privilège du Roy », qui réunissaient, dans une trinité atroce, l'Eglise, l'Alcool et la Royauté.

Au delà de la lutte contre ces trois fléaux, le programme de leurs études était très vaste, et admirablement conçu pour en faire les instructeurs du peuple, qu'ils pouvaient comprendre à merveille, car ils étaient presque tous fils de paysans ou d'ouvriers.

Ils recevaient une culture générale, sans doute plus large que profonde, mais qui était une grande nouveauté; et comme ils avaient toujours vu leur père travailler douze heures par jour, dans le champ, dans la barque ou sur l'échafaudage, ils se félicitaient de leur heureux destin, parce qu'ils pouvaient sortir le dimanche, et

qu'ils avaient, trois fois par an, des vacances, qui les ramenaient à la maison.

Alors le père et le grand-père, et parfois même les voisins — qui n'avaient jamais étudié qu'avec leurs mains — venaient leur poser des questions, et leur soumettre de petites abstractions* dont jamais personne au village n'avait pu trouver la clef. Ils répondaient, les anciens écoutaient, gravement, en hochant la tête... C'est pourquoi, pendant trois années, ils dévoraient la science comme une nourriture précieuse dont leurs aïeux avaient été privés: c'est pourquoi, pendant les récréations, M. le Directeur faisait le tour des salles de classe pour en chasser quelques trop bons élèves, et les condamner à jouer au ballon.

A la fin de ces études, il fallait affronter le brevet supérieur,* dont les résultats prouvaient que la « promotion *» était parvenue à maturité.

Alors, par une sorte de déhiscence,* la bonne graine était projetée aux quatre coins du département, pour y lutter contre l'ignorance, glorifier la République, et garder le chapeau sur la tête au passage des processions.*

Après quelques années d'apostolat laïque dans la neige des hameaux perdus, le jeune instituteur glissait à mi-pente jusqu'aux villages, où il épousait au passage* l'institutrice ou la postière. Puis il traversait plusieurs de ces bourgades dont les rues sont encore en pente, et chacune de ces haltes était marquée par la naissance d'un enfant. Au troisième ou au quatrième, il arrivait dans les sous-préfectures* de la plaine, après quoi il faisait enfin son entrée au chef-lieu, dans une peau devenue trop grande, sous la couronne de ses cheveux blancs. Il enseignait alors dans une école à huit ou dix classes, et dirigeait le Cours supérieur, parfois le Cours complémentaire.*

On fêtait un jour, solennellement, ses palmes académiques*: trois ans plus tard, il « prenait sa retraite », c'est-à-dire que le règlement la lui imposait. Alors, souriant de plaisir, il disait: « Je vais enfin pouvoir planter mes choux! »

Sur quoi, il se couchait, et il mourait.

J'en ai connu beaucoup, de ces maîtres d'autrefois.*

Ils avaient une foi totale dans la beauté de leur mission, une con-
fiance radieuse dans l'avenir de la race humaine. Ils méprisaient
l'argent et le luxe, ils refusaient un avancement pour laisser la place
à un autre, ou pour continuer la tâche commencée dans un village
déshérité.*

Un très vieil ami de mon père, sorti premier de l'Ecole Normale,
avait dû à cet exploit de débuter* dans un quartier de Marseille:
quartier pouilleux, peuplé de misérables où nul n'osait se hasarder la
nuit. Il y resta de ses débuts à sa retraite, quarante ans dans la
même classe, quarante ans sur la même chaise.

Et comme un soir mon père lui disait: — Tu n'as donc jamais eu
d'ambition? — Oh mais si! dit-il, j'en ai eu! Et je crois que j'ai
bien réussi! Pense qu'en vingt ans, mon prédécesseur a vu guillo-
tiner six de ses élèves. Moi, en quarante ans, je n'en ai eu que deux,
et un gracié de justesse.* Ça valait la peine de rester là.

* * *

Car le plus remarquable, c'est que ces anticléricaux avaient des
âmes de missionnaires. Pour faire échec à « Monsieur le Curé »
(dont la vertu était supposée feinte), ils vivaient eux-mêmes comme
des saints, et leur morale était aussi inflexible que celle des premiers
puritains. M. l'Inspecteur d'Académie était leur évêque, M. le
Recteur, l'archevêque, et leur pape, c'était M. le Ministre*: on ne
lui écrit que sur grand papier,* avec des formules rituelles.

« Comme les prêtres, » disait mon père, « nous travaillons pour
la vie future: mais nous, c'est pour celle des autres. »

C'est parce qu'il était sorti, lui aussi, dans un bon rang,* que la déhiscence de la promotion ne l'avait pas projeté trop loin de Marseille, et qu'il était tombé à Aubagne.

C'était une bourgade de dix mille habitants, nichée sur les coteaux de la vallée de l'Huveaune, et traversée par la route poudreuse qui allait de Marseille à Toulon.

On y cuisait des tuiles, des briques et des cruches, on y bourrait des boudins et des andouilles, on y tannait, en sept ans de fosse,* des cuirs inusables. On y fabriquait aussi des santons* coloriés, qui sont les petits personnages des crèches de la Noël.*

Mon père, qui s'appelait Joseph, était alors un jeune homme brun, de taille médiocre, sans être petit. Il avait un nez assez important,* mais parfaitement droit, et fort heureusement raccourci par sa moustache et ses lunettes, dont les verres ovales étaient cerclés d'un mince fil d'acier. Sa voix était grave et plaisante* et ses cheveux, d'un noir bleuté, ondulaient naturellement les jours de pluie.

Il rencontra un jour une petite couturière brune qui s'appelait Augustine, et il la trouva si jolie qu'il l'épousa aussitôt.

Je n'ai jamais su comment ils s'étaient connus, car on ne parlait pas de ces choses-là à la maison. D'autre part, je ne leur ai jamais rien demandé à ce sujet, car je n'imaginais ni leur jeunesse ni leur enfance. L'âge de mon père, c'était vingt-cinq ans de plus que moi, et ça n'a jamais changé.

Ils étaient mon père et ma mère, de toute éternité, et pour toujours.

Je sais seulement qu'Augustine fut éblouie par la rencontre de ce jeune homme à l'air sérieux, qui tirait si bien aux boules,* et qui gagnait infailliblement cinquante-quatre francs par mois. Elle renonça donc à coudre pour les autres, et s'installa dans un appartement d'autant plus agréable qu'on n'en payait pas le loyer.*

Dans les mois qui précédèrent ma naissance, comme elle n'avait que dix-neuf ans — et elle les eut toute sa vie — elle conçut de

graves inquiétudes, et déclara en sanglotant que son bébé ne naîtrait jamais, parce qu'elle « sentait bien qu'elle ne savait pas le faire* ».

Mon père essaya de la raisonner. Mais alors, elle disait, furieuse: « Quand je pense que c'est toi qui m'as fait ça!* »

Et elle fondait en larmes.

Quand le survenant* se mit à bouger, elle eut des accès de fou rire, entre deux crises de sanglots.

Effrayé par ce comportement* déraisonnable, mon père appela au secours sa sœur aînée. C'était elle qui l'avait élevé. Elle était (naturellement) directrice d'école à La Ciotat,* et célibataire.

La grande sœur fut tout à fait ravie, et décida qu'il fallait sur-le-champ installer ma mère chez elle, sur le bord de la mer latine*: ce qui fut fait le soir même.

On m'a dit que Joseph en fut charmé, et qu'il profita de sa liberté pour conter fleurette à la boulangère, dont il mit en ordre la comptabilité: voilà une idée déplaisante, et que je n'ai jamais acceptée.

Pendant ce temps, la future maman se promenait le long des plages, sous le tendre soleil de janvier, en regardant au loin les voiles des pêcheurs, qui partaient à trois heures vers le soleil couchant. Puis, près du feu où sifflotait la flamme bleue des souches d'olivier, elle tricotait le trousseau de sa bondissante progéniture, tandis que la tante Marie ourlait des langes, en chantant d'une jolie voix claire:

> *Sur le brick léger que le flot balance,*
> *Quand la nuit étend son grand voile noir...*

Elle était maintenant rassurée, d'autant que son cher Joseph venait tous les samedis, sur la bicyclette du boulanger. Il apportait des croquants aux amandes,* des tartes à la frangipane,* et un sachet de farine blanche pour faire des crêpes ou des beignets.

Elle avait pris de belles couleurs,* et tout s'annonçait le mieux du monde,* lorsqu'au petit matin du 28 février, elle fut réveillée par quelques douleurs.

Elle appela aussitôt la tante Marie, qui décréta que ce n'était rien,

puisque le docteur avait annoncé la naissance d'une fille pour la fin du mois de mars; puis, elle ralluma le feu, pour mettre en route* une tisane. Mais la patiente affirma que les docteurs n'y comprenaient rien, et qu'elle voulait retourner tout de suite à Aubagne.

— Il faut que l'enfant naisse à la maison! Il faut que Joseph me tienne la main! Marie, Marie, partons vite! Je suis sûre qu'il veut sortir!

La douce Marie essaya de la calmer, avec du tilleul et des paroles. La passoire à la main, elle déclara que si l'événement se confirmait, elle irait en informer le poissonnier, qui descendait chaque jour à Aubagne vers les huit heures, et que Joseph viendrait, aussi vite que le vent, sur la machine à pédales.

Mais Augustine repoussa la tasse à fleurs,* et se tordit les mains en pleurant à grosses larmes.*

Alors, la tante Marie alla frapper aux volets d'un voisin, qui possédait un boghey* et un petit cheval. C'était une époque bénie, où les gens se rendaient service: il n'y avait qu'à demander.

Le voisin attela son cheval, la tante enveloppa Augustine dans des châles, et nous voilà partis au petit trot, tandis que sur la crête des collines la moitié d'un grand soleil rouge nous regardait à travers les pins.

Mais en arrivant à la Bédoule, qui est tout juste à mi-chemin, les douleurs recommencèrent, et la tante, à son tour, s'affola. Elle serrait dans ses bras ma mère emmitouflée, et lui donnait des conseils:

« Augustine, » disait-elle « retiens-toi! », car elle était vierge.

Mais Augustine, toute pâle, ouvrait des yeux noirs énormes, et transpirait en gémissant.

Heureusement, nous avions franchi le col, et la route descendait sur Aubagne. Le voisin desserra son frein, qu'on appelait la mécanique, et fouetta le petit cheval, qui n'eut qu'à se laisser emporter par le poids de l'équipage. Nous arrivâmes tout juste à temps, et Mᵐᵉ Négrel, la sage-femme, vint en hâte délivrer* ma mère, qui avait enfin planté ses ongles dans le bras puissant de Joseph.

Cette histoire n'est pas très étonnante; mais attendez une minute, car elle va le devenir.

Au début du xviii^e siècle, il y avait à Aubagne une très riche et très ancienne famille de commerçants, qui s'appelaient Barthélémy. Ses mérites étaient si éclatants que le roi devait un jour l'anoblir.

Or, dans la nuit du 19 au 20 janvier 1716, M^me Barthélémy, qui était très jeune, qui habitait Aubagne, et dont le mari s'appelait Joseph, « ressentit les premières douleurs ». Elle monta « précipitamment » en voiture, pour se rendre auprès de sa mère, dans la maison familiale, qui était la plus jolie maison de Cassis.*

Cassis était un petit port de pêche, à une lieue de La Ciotat, et sur les trois quarts du voyage, la même route conduit à Aubagne.

M^me Barthélémy passa donc par les gorges, puis par le col de la Bédoule, gémissante sous des couvertures... Elle arriva à Cassis, « pâmée de douleur, et pendant qu'on la mettait au lit, elle donna le jour à un petit garçon ».

Cet enfant d'Aubagne devait être l'abbé Barthélémy,* auteur illustre du *Voyage du jeune Anacharsis en Grèce*, et qui fut élu à l'Académie française le 5 mars 1789, au vingt-cinquième fauteuil*: c'est ce fauteuil même que j'ai l'honneur d'occuper, depuis le 5 mars 1946.

On pourrait tirer, de cette double anecdote, une conclusion singulière: c'est que l'un des moyens de faire un jour partie de l'Illustre Compagnie, c'est d'être le fils d'un Joseph, et d'essayer de naître, par un petit matin d'hiver, dans une carriole doublement gémissante, sur la route de la Bédoule.

Mes souvenirs d'Aubagne sont peu nombreux, parce que je n'y vécus que trois ans.

Je vois d'abord une très haute fontaine, sous les platanes du Cours,* juste devant notre maison. C'est le monument que ses compatriotes élevèrent à notre abbé Barthélémy, considéré comme un homme de gauche, à cause du *Voyage du jeune Anacharsis*. Peu de personnes l'avaient lu, et beaucoup disaient, en toute bonne foi: « Le Jeune Anarchiste ». Je l'ignorais, évidemment, à cette époque, mais j'écoutais avec ravissement la petite chanson de la fontaine, qui pépiait avec les moineaux.

Je vois ensuite un plafond qui tombe sur moi à une vitesse vertigineuse, pendant que ma mère, horrifiée, crie: « Henri! tu es idiot! Henri, je te défends... »

C'est que mon oncle Henri, le frère de ma mère, me lance en l'air, et me rattrape au vol.* Je hurle d'angoisse mais quand ma mère m'a repris dans ses bras, je crie: « Encore! encore! »

Mon oncle Henri avait trente ans, une jolie barbe brune, et il était mécanicien de machines à vapeur: il travaillait à leur construction dans les Ateliers des Forges et Chantiers,* comme avait fait son père, ce grand-père maternel que je n'ai jamais connu.

Celui-là était né à Coutances,* vers 1845, et il s'appelait Guillaume Lansot. Normand de pure race, il était venu à Marseille en faisant son tour de France. Ma grand-mère marseillaise lui plut: il y resta.

A vingt-quatre ans, il avait déjà trois enfants, dont ma mère était la petite dernière.

Comme il savait bien son métier, et que la mer ne lui faisait pas peur, on l'envoya un jour à Rio de Janeiro, pour dépanner un navire à vapeur dont la machine ne voulait plus repartir. Il arriva dans ce pays encore sauvage, sans vaccin d'aucune sorte. Il vit des gens qui mouraient de la fièvre jaune, et tout bêtement, il fit comme eux...

Ses enfants n'avaient pas eu le temps de le connaître, et ma grand-mère, qui ne fut sa femme que pendant quatre années, n'a pas pu nous dire grand-chose, sinon qu'il était très grand, qu'il avait des yeux bleu de mer, des dents très blanches, qu'il était d'un blond tirant sur le roux,* et qu'il riait d'un rien, comme les enfants.

Je n'ai même pas sa photographie. Parfois, le soir, à la campagne, au coin du feu, je l'appelle, mais il ne vient pas. Il doit être encore dans les Amériques. Alors, tout seul, en regardant danser les flammes, je pense à mon grand-père de vingt-quatre ans, qui mourut sans lunettes, avec toutes ses dents, sous une épaisse chevelure dorée, et je m'étonne d'être le si vieux petit-fils d'un grand jeune homme de Coutances.

Un autre souvenir d'Aubagne, c'est la partie de boules sous les platanes du Cours. Mon père, parmi d'autres géants, faisait des bonds prodigieux, et lançait une masse de fer à des distances inimaginables. Parfois, il y avait de grands applaudissements, puis les géants finissaient toujours par se disputer, à cause d'une ficelle* qu'ils s'arrachaient des mains, mais ils ne se battaient jamais.

D'Aubagne nous passâmes à Saint-Loup, qui était un gros village dans la banlieue de Marseille. En face de l'école il y avait l'abattoir municipal: ce n'était qu'une sorte de hangar, où deux bouchers immenses opéraient toutes portes ouvertes.

Pendant que ma mère faisait son petit ménage, je grimpais sur une chaise, devant la fenêtre de la salle à manger, et je regardais l'assassinat des bœufs et des porcs avec le plus vif intérêt. Je crois que l'homme est naturellement cruel: les enfants et les sauvages en font la preuve chaque jour.

Lorsque le malheureux bœuf recevait le coup de merlin entre ses cornes, et tombait sur les genoux, j'admirais simplement la force du boucher, et la victoire de l'homme sur la bête. La mise à mort* des porcs me faisait rire aux larmes parce qu'on les tirait par les oreilles, et qu'ils poussaient des cris stridents. Mais le spectacle le plus intéressant, c'était l'assassinat du mouton.

Le boucher lui tranchait élégamment le gosier, tout en continuant une conversation avec son assistant, et sans accorder la moindre attention à ce qu'il faisait. Quand il en avait égorgé trois ou quatre, il plaçait les cadavres, les pattes en l'air, sur des sortes de berceaux. Puis, avec un soufflet, il les gonflait prodigieusement, pour décoller la peau de la chair: je croyais qu'il essayait d'en faire des ballons, et j'espérais les voir s'envoler: mais ma mère, qui survenait toujours au meilleur moment, me faisait descendre de mon observatoire, et tout en coupant des cubes de viande pour le pot-au-feu familial elle me tenait des propos* incompréhensibles sur la douceur du pauvre bœuf, la gentillesse du petit mouton frisé, et la méchanceté de ce boucher.

Lorsqu'elle allait au marché, elle me laissait au passage* dans la classe de mon père, qui apprenait à lire à des gamins de six ou sept ans. Je restais assis, bien sage, au premier rang, et j'admirais la toute-puissance paternelle. Il tenait à la main une baguette de bambou: elle lui servait à montrer les lettres et les mots qu'il écrivait au

tableau noir, et quelquefois à frapper sur les doigts d'un cancre inattentif.

Un beau matin, ma mère me déposa à ma place, et sortit sans mot dire, pendant qu'il écrivait magnifiquement sur le tableau: « La maman a puni son petit garçon qui n'était pas sage. »

Tandis qu'il arrondissait un admirable point final, je criai: « Non! Ce n'est pas vrai! »

Mon père se retourna soudain, me regarda stupéfait, et s'écria: « Qu'est-ce que tu dis? »

— Maman ne m'a pas puni! Tu n'as pas bien écrit!

Il s'avança vers moi:

— Qui t'a dit qu'on t'avait puni?

— C'est écrit.

La surprise lui coupa la parole un moment.

— Voyons, voyons, dit-il enfin, est-ce que tu sais lire?

— Oui.

— Voyons, voyons... répétait-il.

Il dirigea la pointe du bambou vers le tableau noir.

— Eh bien, lis.

Je lus la phrase à haute voix.

Alors, il alla prendre un abécédaire,* et je lus sans difficulté plusieurs pages...

Je crois qu'il eut ce jour-là la plus grande joie, la plus grande fierté de sa vie.

Lorsque ma mère survint, elle me trouva au milieu des quatre instituteurs, qui avaient renvoyé leurs élèves dans la cour de récréation, et qui m'entendaient déchiffrer lentement l'histoire du Petit Poucet... Mais au lieu d'admirer cet exploit, elle pâlit, déposa ses paquets par terre, referma le livre, et m'emporta dans ses bras, en disant: « Mon Dieu! mon Dieu!... »

Sur la porte de la classe, il y avait la concierge, qui était une vieille femme corse: elle faisait des signes de croix. J'ai su plus tard que c'était elle qui était allée chercher ma mère, en l'assurant que « ces messieurs » allaient me faire « éclater le cerveau ».

A table, mon père affirma qu'il s'agissait de superstitions ridicules,

que je n'avais fourni aucun effort, que j'avais appris à lire comme un perroquet apprend à parler, et qu'il ne s'en était même pas aperçu. Ma mère ne fut pas convaincue, et de temps à autre elle posait sa main fraîche sur mon front et me demandait: « Tu n'as pas mal à la tête? »

Non, je n'avais pas mal à la tête, mais jusqu'à l'âge de six ans, il ne me fut plus permis d'entrer dans une classe, ni d'ouvrir un livre, par crainte d'une explosion cérébrale. Elle ne fut rassurée que deux ans plus tard, à la fin de mon premier trimestre scolaire, quand mon institutrice lui déclara que j'étais doué d'une mémoire surprenante, mais que ma maturité d'esprit était celle d'un enfant au berceau.

De Saint-Loup, mon père fit un bond de comète : car franchissant d'un seul coup les faubourgs, il fut nommé — à sa grande surprise — instituteur titulaire à l'école du Chemin des Chartreux, la plus grande école communale de Marseille.

Elle était gouvernée par un « directeur sans classe », qui était une sorte de proviseur. Il pouvait aller voir M. l'Inspecteur d'Académie sans la moindre convocation, il était membre du jury du brevet élémentaire* et même parfois, du brevet supérieur !

D'ailleurs, le concierge avait dit devant moi, à mon père charmé, que les douze instituteurs des Chartreux étaient « l'élite des maîtres », et qu'au bout de quatre ou cinq ans de service, ceux qui le désiraient étaient immédiatement nommés directeurs, et souvent à Marseille même.

Cette déclaration du Concierge de l'Ecole du Chemin des Chartreux fut souvent citée dans la famille, et ma mère — qui en était toute glorieuse — la répéta devant Mme Mercier et Mlle Guimard, en ajoutant qu'après tout, ce concierge exagérait peut-être un peu : mais elle n'avait pas l'air de le croire.

Elle était toujours pâle et frêle, mais heureuse, entre son Joseph, ses deux garçons, et sa machine à coudre toute neuve.

Cette prodigieuse invention moderne me permettait de l'aider dans ses travaux.

Agenouillé sous la petite table, devant sa robe, je faisais, avec mes mains, osciller la large pédale que j'arrêtais net au commandement.

Mon frère Paul était un petit bonhomme de trois ans, la peau blanche, les joues rondes, avec de grands yeux d'un bleu très clair, et les boucles dorées de notre grand-père inconnu. Il était pensif, ne pleurait jamais, et jouait tout seul, sous une table, avec un bouchon ou un bigoudi : mais sa voracité était surprenante : de temps à autre, il y avait un drame éclair* : on le voyait tout à coup s'avancer,

titubant, les bras écartés, la figure violette. Il était en train de mourir suffoqué.*

Ma mère affolée frappait dans son dos, enfonçait un doigt dans sa gorge, ou le secouait en le tenant par les talons, comme fit jadis la mère d'Achille.*

Alors, dans un râle affreux, il expulsait une grosse olive noire, un noyau de pêche, ou une longue lanière de lard.

Après quoi, il reprenait ses jeux solitaires, accroupi comme un gros crapaud.

Joseph était devenu magnifique. Il avait un costume neuf bleu marine, digne de l'école des Chartreux: ses lunettes, jadis cerclées de fer, brillaient maintenant dans une monture d'or, et leurs verres s'étaient arrondis: enfin, il portait une cravate d'artiste, une ganse noire aux deux bouts pendants. Mais cette prétention était justifiée par le fait qu'il s'était associé à son collègue Arnaud, pour travailler le jeudi et le dimanche matin, à la reproduction des cartes murales de géographie, que les éditions Vidal-Lablache* leur payaient jusqu'à cent francs l'une — dans le budget familial, Vidal-Lablache était compté pour vingt-cinq francs par mois, et ce nom double était deux fois béni.

J'approchais de mes six ans, et j'allais à l'école dans la classe enfantine que dirigeait M^lle Guimard.

M^lle Guimard était très grande, avec une jolie petite moustache brune, et quand elle parlait, son nez remuait: pourtant je la trouvais laide, parce qu'elle était jaune comme un Chinois, et qu'elle avait de gros yeux bombés.

Elle apprenait patiemment leurs lettres à mes petits camarades, mais elle ne s'occupait pas de moi, parce que je lisais couramment, ce qu'elle considérait comme une inconvenance préméditée de la part de mon père. En revanche, pendant les leçons de chant, elle disait, devant toute la classe, que je chantais faux, et qu'il valait mieux me taire, ce que je faisais volontiers.

Pendant que la marmaille s'époumonait à suivre sa baguette, je restais muet, paisible, souriant; les yeux fermés, je me racontais des histoires, et je me promenais au bord de l'étang du parc Borély,* qui est une sorte de parc de Saint-Cloud,* au bout du Prado* de Marseille.

Le jeudi et le dimanche, ma tante Rose, qui était la sœur aînée de ma mère, et qui était aussi jolie qu'elle, venait déjeuner à la maison, et me conduisait ensuite, au moyen d'un tramway, jusqu'en ces lieux enchantés.

On y trouvait des allées ombragées par d'antiques platanes, des bosquets sauvages, des pelouses qui vous invitaient à vous rouler dans l'herbe, des gardiens pour vous le défendre, et des étangs où naviguaient des flottilles de canards.

On y trouvait aussi, à cette époque, un certain nombre de gens qui apprenaient à gouverner des bicyclettes: le regard fixe, les mâchoires serrées, ils échappaient soudain au professeur, traversaient l'allée, disparaissaient dans un fourré, et reparaissaient leur machine autour du cou. Ce spectacle ne manquait pas d'intérêt, et j'en riais aux

larmes. Mais ma tante ne me laissait pas longtemps dans cette zone
dangereuse: elle m'entraînait — la tête tournée en arrière — vers
un coin tranquille, au bord de l'étang.

Nous nous installions sur un banc, toujours le même, devant un
massif de lauriers, entre deux platanes; elle sortait un tricot de son
sac, et j'allais vaquer aux travaux de mon âge.

Ma principale occupation était de lancer du pain aux canards.
Ces stupides animaux me connaissaient bien. Dès que je montrais
un croûton, leur flottille venait vers moi, à force de palmes,* et je
commençais ma distribution.

Lorsque ma tante ne me regardait pas, tout en leur disant, d'une
voix suave, des paroles de tendresse, je leur lançais aussi des pierres,
avec la ferme intention d'en tuer un. Cet espoir, toujours déçu,
faisait le charme de ces sorties, et dans le grinçant tramway du
Prado, j'avais des frémissements d'impatience.

Mais un beau dimanche, je fus péniblement surpris lorsque nous
trouvâmes un monsieur assis sur notre banc. Sa figure était vieux-
rose; il avait une épaisse moustache châtain, des sourcils roux et bien
fournis, de gros yeux bleus, un peu saillants. Sur ses tempes,
quelques fils blancs. Comme de plus, il lisait un journal, je le
classai aussitôt parmi les vieillards.

Ma tante voulut m'entraîner vers un autre campement*; mais je
protestai: c'était *notre* banc, et ce monsieur n'avait qu'à partir.

Il fut poli et discret. Sans mot dire, il glissa jusqu'au bout du
siège, et tira près de lui son chapeau melon, sur lequel était posée
une paire de gants de cuir, signe incontestable de richesse, et d'une
bonne éducation.

Ma tante s'installa à l'autre bout, sortit son tricot et je courus, avec
mon petit sac de croûtons, vers le bord de l'étang.

Je choisis d'abord une très belle pierre, grande comme une pièce
de cinq francs, assez plate, et merveilleusement tranchante. Par
malheur, un garde me regardait: je la cachai donc dans ma poche,
et je commençai ma distribution, avec des paroles si plaisantes* et si
affectueuses que je fus bientôt en face de toute une escadre rangée
en demi-cercle.

Le garde — un blasé* — me parut peu intéressé par ce spectacle:

il tourna simplement le dos, et s'en alla à pas comptés. Je sortis aussitôt ma pierre, et j'eus la joie — un peu inquiète — d'atteindre en pleine tête le vieux père canard. Mais au lieu de chavirer et de couler à pic* — comme je l'espérais — ce dur-à-cuire* vira de bord, et s'enfuit à toutes palmes, en poussant de grands cris d'indignation. A dix mètres du bord, il s'arrêta et se tourna de nouveau vers moi; debout sur l'eau et battant des ailes, il me lança toutes les injures qu'il savait, soutenu par les cris déchirants de toute sa famille.

Le garde n'était pas bien loin: je courus me réfugier auprès de ma tante.

Elle n'avait rien vu, elle n'avait rien entendu, elle ne tricotait pas: elle faisait la conversation avec le monsieur du banc.

— Oh! le charmant petit garçon! dit-il. Quel âge as-tu?

— Six ans.

— Il en paraît sept! dit le monsieur. Puis il fit compliment sur ma bonne mine, et déclara que j'avais vraiment de très beaux yeux.

Elle se hâta de dire que je n'étais pas son fils, mais celui de sa sœur, et elle ajouta qu'elle n'était pas mariée. Sur quoi l'aimable vieillard me donna deux sous, pour aller acheter des « oublies » au marchand qui était au bout de l'allée.

On me laissa beaucoup plus libre que d'ordinaire. J'en profitai pour aller chez les cyclistes. Debout sur un banc — par prudence — j'assistai à quelques chutes inexplicables.

La plus franchement comique fut celle d'un vieillard d'au moins quarante ans: en faisant de plaisantes grimaces, il arracha le guidon de la machine, et s'abattit tout à coup sur le côté, en serrant toujours de toutes ses forces les poignées de caoutchouc. On le releva, couvert de poussière, ses pantalons déchirés aux genoux, et aussi indigné que le vieux canard. J'espérais une bataille de grandes personnes, lorsque ma tante et le monsieur du banc arrivèrent et m'entraînèrent loin du groupe vociférant, car il était l'heure de rentrer.

Le monsieur prit le tramway avec nous: il paya même nos places, malgré les très vives protestations de ma tante qui en était, à mon grand étonnement, toute rougissante. J'ai compris, beaucoup plus tard, qu'elle s'était considérée comme une véritable courtisane,

parce qu'un monsieur encore inconnu avait payé trois sous pour nous.

Nous le quittâmes au terminus, et il nous fit de grandes salutations, avec son chapeau melon à bout de bras.*

En arrivant sur la porte de notre maison, ma tante me recommanda — à voix basse — de ne parler jamais à personne de cette rencontre. Elle m'apprit que ce monsieur était le propriétaire du parc Borély, que si nous disions un seul mot de lui, il le saurait certainement, et qu'il nous défendrait d'y retourner. Comme je lui demandais pourquoi, elle me répondit que c'était un « secret ». Je fus charmé de connaître, sinon un secret, du moins son existence. Je promis, et je tins parole.

Nos promenades au parc devinrent de plus en plus fréquentes, et l'aimable « propriétaire » nous attendait toujours sur notre banc. Mais il était assez difficile de le reconnaître de loin, car il n'avait jamais le même costume. Tantôt c'était un veston clair avec un gilet bleu, tantôt une veste de chasse sur un gilet de tricot; je l'ai même vu en jaquette.

De son côté, ma tante Rose portait maintenant un boa de plumes, et une petite toque de mousseline sous un oiseau bleu aux ailes ouvertes, qui avait l'air de couver son chignon.

Elle empruntait l'ombrelle de ma mère, ou ses gants, ou son sac. Elle riait, elle rougissait, et elle devenait de plus en plus jolie.

Dès que nous arrivions, le « propriétaire » me confiait d'abord au berger des ânes* que je chevauchais pendant des heures, puis à l'omnibus traîné par quatre chèvres, puis au patron du toboggan: je savais que ces largesses ne lui coûtaient rien, puisque tout le parc lui appartenait, mais je n'en étais pas moins très reconnaissant, et j'étais fier d'avoir un ami si riche, et qui me prouvait un si parfait amour.

Six mois plus tard, en jouant aux cachettes* avec mon frère Paul, je m'enfermai dans le bas du buffet, après avoir repoussé les assiettes. Pendant que Paul me cherchait dans ma chambre, et que je retenais mon souffle, mon père, ma mère et ma tante entrèrent dans la salle à manger. Ma mère disait:

— Tout de même, trente-sept ans, c'est bien vieux!

— Allons donc! dit mon père, j'aurai trente ans à la fin de l'année, et je me considère comme un homme encore jeune. Trente-sept ans, c'est la force de l'âge! Et puis, Rose n'a pas dix-huit ans!

— J'ai vingt-six ans, dit la tante Rose. Et puis il me plaît.

— Qu'est-ce qu'il fait, à la Préfecture?

— Il est sous-chef de bureau. Il gagne deux cent vingt francs par mois.

— Hé hé! dit mon père.

— Et il a de petites rentes qui lui viennent de sa famille.

— Ho ho! dit mon père.

— Il m'a dit que nous pouvions compter sur trois cent cinquante francs par mois.

J'entendis un long sifflement, puis mon père ajouta:

— Eh bien, ma chère Rose, je vous félicite! Mais au moins, est-ce qu'il est beau?

— Oh non! dit ma mère. Ça, pour être beau, il n'est pas beau.*

Alors, je poussai brusquement la porte du buffet, je sautai sur le plancher, et je criai:

— Oui! Il est beau! Il est superbe!

Et je courus vers la cuisine, dont je fermai la porte à clef.

* * *

C'est à la suite de tous ces événements que le propriétaire vint un jour à la maison, accompagné de ma tante Rose.

Il montrait un large sourire, sous les ailes* d'un chapeau melon, qui était d'un noir lustré. La tante Rose était toute rose, vêtue de rose des pieds à la tête, et ses beaux yeux brillaient derrière une voilette bleue accrochée au bord d'un canotier.

Ils revenaient tous deux d'un court voyage, et il y eut de grandes embrassades: oui, le propriétaire, sous nos yeux stupéfaits, embrassa ma mère, puis mon père!

Ensuite, il me prit sous les aisselles, me souleva, me regarda un instant, et dit: « Maintenant, je m'appelle l'oncle Jules, parce que je suis le mari de tante Rose. »

Le plus étonnant, c'est qu'il ne s'appelait pas Jules. Son véritable prénom était Thomas. Mais ma chère tante ayant entendu dire que les gens de la campagne appelaient Thomas* leur pot de chambre, avait décidé de l'appeler Jules,* ce qui est encore beaucoup plus usité pour désigner le même objet. L'innocente créature, faute d'avoir fait son service militaire, l'ignorait, et personne n'osa l'en informer, même pas Thomas-Jules, qui l'aimait trop pour la contredire, surtout quand il avait raison !

L'oncle Jules était né au milieu des vignes, dans ce Roussillon* doré où tant de gens roulent tant de barriques. Il avait laissé le vignoble à ses frères, et il était devenu l'intellectuel de la famille, car il avait fait son droit : mais il était resté Catalan, et sa langue roulait les R comme un ruisseau roule des graviers.

Je l'imitais, pour faire rire mon frère Paul. Nous pensions en effet que l'accent provençal était le seul accent français véritable, puisque c'était celui de notre père, examinateur au Certificat d'Etudes,* et que les R de l'oncle Jules n'étaient que le signe extérieur d'une infirmité cachée.

Mon père et lui faisaient une paire d'amis, quoique l'oncle Jules, plus vieux et plus riche, prît parfois des airs protecteurs.

Il protestait de temps à autre contre la durée abusive des vacances scolaires.

— J'admets, disait-il, que les enfants aient besoin d'un si long repos. Mais pendant ce temps, on pourrait employer les instituteurs à autre chose !

— Eh oui ! disait ironiquement mon père, ils pourraient aller remplacer, pendant deux mois, les fonctionnaires de la préfecture, épuisés par leurs longues siestes, et meurtris par le rond de cuir !*

Mais ces escarmouches amicales* s'arrêtaient là, et jamais on n'abordait le grand sujet, sinon par des allusions discrètes : l'oncle Jules allait à la messe !

Lorsque mon père apprit — par une confidence de tante Rose à

ma mère — qu'il communiait deux fois par mois, il en fut positive-
ment consterné, et déclara que « c'était un comble* ». Ma mère
alors le supplia d'admettre cet état de choses, et de renoncer, devant
l'oncle, à son petit répertoire de plaisanteries sur les curés, et en
particulier, à une chansonnette qui célébrait les exploits aéro-
nautiques du vénérable père Dupanloup.*

— Crois-tu qu'il se fâcherait vraiment?

— Je suis sûre qu'il ne remettrait plus les pieds chez nous, et qu'il
défendrait à ma sœur de me fréquenter.

Mon père secoua tristement la tête, et soudain, d'une voix
furieuse, il s'écria:

— Voilà! Voilà l'intolérance de ces fanatiques! Est-ce que je
l'empêche, moi, d'aller manger son Dieu* tous les dimanches?
Est-ce que je te défends de fréquenter ta sœur parce qu'elle est
mariée à un homme qui croit que le Créateur de l'Univers descend
en personne, tous les dimanches, dans cent mille gobelets?* Eh
bien, je veux lui montrer ma largeur d'esprit. Je le ridiculiserai
par mon libéralisme. Non, je ne lui parlerai pas de l'Inquisition,
ni de Calas,* ni de Jean Huss,* ni de tant d'autres que l'Eglise
envoya au bûcher; je ne dirai rien des papes Borgia, ni de la papesse
Jeanne!* Et même s'il essaie de me prêcher les conceptions
puériles d'une religion aussi enfantine que les contes de ma grand-
mère, je lui répondrai *poliment*, et je me contenterai d'en rigoler
doucement dans ma barbe!*

Mais il n'avait pas de barbe, et il ne rigolait pas du tout.

Cependant, il tint parole, et leur amitié ne fut pas troublée par les
quelques mots qui leur échappaient de temps à autre, et que leurs
femmes vigilantes escamotaient* aussitôt par de grands cris de
surprise, ou des éclats de rire stridents dont elles inventaient ensuite
le motif.

Mon oncle Jules devint très vite mon grand ami. Il me félicitait
souvent d'avoir tenu la parole donnée, et d'avoir gardé le secret, au
temps des rendez-vous au parc Borély; il disait à qui voulait l'enten-
dre, que « cet enfant ferait un grand diplomate » ou un « officier de
premier ordre » (cette prophétie, qui avait pourtant une alternative,

ne s'est pas encore réalisée). Il tenait beaucoup à voir mes bulletins scolaires, et me récompensait (ou me consolait) par des jouets ou des sachets de berlingots.

Cependant, comme je lui conseillais un jour de faire construire une petite maison dans son admirable parc Borély, avec un balcon pour voir les cyclistes, il m'avoua, sur le mode badin,* qu'il n'en avait jamais été le propriétaire.

Je fus consterné par la perte instantanée d'un si beau patrimoine, et je regrettai d'avoir si longtemps admiré un imposteur.

De plus, je découvris ce jour-là que les grandes personnes savaient mentir aussi bien que moi, et il me sembla que je n'étais plus en sécurité parmi elles.

Mais d'un autre côté, cette révélation, qui justifiait mes propres mensonges passés, présents et futurs, m'apporta la paix du cœur, et lorsqu'il était indispensable de mentir à mon père, et que ma petite conscience protestait faiblement, je lui* répondais: « Comme l'oncle Jules ! »; alors, l'œil naïf et le front serein, je mentais admirablement.

Deux années passèrent: je triomphai de la règle de trois, j'appris — avec une joie inépuisable — l'existence du lac Titicaca,* puis Louis X le Hutin,* hibouchougenou* et ces règles désolantes qui gouvernent les participes passés.

Mon frère Paul, de son côté, avait jeté son abécédaire, et il abordait le soir dans son lit, la philosophie des Pieds Nickelés.*

Une petite sœur était née, et tout justement pendant que nous étions tous les deux chez ma tante Rose, qui nous avait gardés deux jours, pour faire sauter les crêpes de la Chandeleur.*

Cette invitation malencontreuse m'empêcha de vérifier pleinement l'hypothèse audacieuse de Mangiapan, qui était mon voisin en classe, et qui prétendait que les enfants sortaient du nombril (navel) de leur mère.

Cette idée m'avait d'abord paru absurde: mais un soir, après un assez long examen de mon nombril, je constatai qu'il avait vraiment l'air d'une boutonnière, avec, au centre, une sorte de petit bouton: j'en conclus qu'un déboutonnage était possible, et que Mangiapan avait dit vrai.

Cependant je pensai aussitôt que les hommes n'ont pas d'enfants: ils n'ont que des fils et des filles, qui les appellent papa, mais les enfants venaient sûrement de la mère, comme les chiens et les chats. Donc, mon nombril ne prouvait rien. Tout au contraire, son existence chez les mâles affaiblissait grandement l'autorité de Mangiapan.

Que croire? Que penser?

En tous cas, puisqu'une petite sœur venait de naître, c'était le moment d'ouvrir les yeux et les oreilles, et de percer le grand secret.

C'est en revenant de chez la tante Rose, comme nous traversions la Plaine, que je fis, dans le passé,* une importante découverte: depuis trois mois, ma mère avait changé de forme, et elle marchait le buste penché en arrière comme le facteur de la Noël. Un soir Paul, avec un air d'inquiétude, m'avait demandé: « Qu'est-ce qu'elle a, notre Augustine, sous son tablier? »

Je n'avais su que lui répondre...

Nous la retrouvâmes, souriante, mais pâle et sans force, dans le grand lit. Auprès d'elle, dans un berceau, une petite créature grimaçante poussait des cris de mirliton.* L'hypothèse de Mangiapan me parut démontrée, et j'embrassai ma mère tendrement en songeant à ses souffrances au moment où il avait fallu déboutonner son nombril.

La petite créature nous parut d'abord étrangère. De plus, notre mère lui donnait le sein, ce qui me choquait beaucoup et qui effrayait Paul. Il disait: «Elle nous la mange* quatre fois par jour.» Mais quand elle se mit à tituber et à bégayer, elle nous révéla notre force et notre sagesse, et nous l'adoptâmes définitivement.

* * *

L'oncle Jules et la tante Rose venaient nous voir le dimanche et j'allais — avec Paul — déjeuner chez eux presque tous les jeudis.*

Ils habitaient un bel appartement, à la rue des Minimes; il était éclairé au Gaz, la tante faisait la cuisine au Gaz, et elle avait une femme de ménage.

Je remarquai un jour avec surprise que ma chère tante Rose se gonflait à son tour, et je conclus immédiatement à un prochain déboutonnage.

Ce diagnostic fut bientôt confirmé par une conversation dont je surpris quelques bribes, entre ma mère et Mlle Guimard.

Pendant que le boucher découpait un beau beefsteack de quatre sous dans la «pièce noire*», elle dit avec inquiétude:

— Les enfants de vieux, c'est* toujours délicat...

— Rose n'a que trente ans! protesta ma mère.

— Pour un premier enfant, c'est déjà beaucoup.* Et n'oubliez pas que son mari en a quarante!

— Trente-huit, dit ma mère.

— Trente et trente-huit font soixante-huit! dit Mlle Guimard.

Et elle hochait la tête, pensive et maléfique*...

Un soir, mon père nous annonça que maman ne rentrerait pas à la maison, parce qu'elle était restée auprès de sa sœur «qui n'était

pas bien ». Nous dînâmes tous les quatre en silence, puis j'aidai mon père à coucher la petite sœur.

Ce fut une opération difficile, à cause du pot, des langes, et de notre peur de la casser.

Tout en tirant sur mes chaussettes, je dis à Paul: « La tante Rose, ils sont en train de la déboutonner. »

Il lisait dans son lit ses chers Pieds Nickelés, et il ne me répondit pas. Mais j'avais résolu de l'initier aux grands mystères, et j'insistai: « Est-ce que tu sais pourquoi? »

Il ne bougea pas davantage, et je m'aperçus qu'il dormait.

Alors, je tirai doucement son livre de ses mains, j'aplatis ses genoux et, du premier coup, je soufflai la lampe.

* * *

Le lendemain, qui était un jeudi, mon père nous dit:

— Allez ouste! Levez-vous: nous allons chez la tante Rose et je vous promets une belle surprise!

— Moi, dis-je, ta surprise, je la sais déjà…

— Ho ho! dit-il. Et que sais-tu?

— Je ne veux pas te le dire, mais je te promets que j'ai tout compris.

Il me regarda en souriant, mais il n'insista pas.

Nous partîmes tous les quatre le long des rues. La petite sœur était drôlement attifée, dans une robe que nous avions boutonnée par devant, et nous n'avions pas pu la coiffer, à cause de ses hurlements.

Une grande inquiétude me tourmentait. Nous allions voir un enfant de vieux: Mlle Guimard l'avait dit; mais elle n'avait rien précisé, sauf qu'il aurait soixante-huit ans. J'imaginai qu'il serait tout rabougri, et qu'il aurait sans doute des cheveux blancs, avec une barbe blanche comme celle de mon grand-père — plus petite évidemment, et plus fine — une barbe de bébé. Ça ne serait pas beau. Mais il allait peut-être parler tout de suite, et nous dire d'où il venait! Ça, ce serait intéressant.

Je fus tout à fait déçu.

On nous mena embrasser la tante Rose dans sa chambre. Elle

avait l'air parfaitement reboutonnée, quoiqu'un peu pâle. Ma mère était assise sur le bord du lit, et entre elles, il y avait un bébé, un bébé sans barbe ni moustache et sa grosse figure joufflue dormait paisiblement, sous une crête de cheveux blonds.

— Voilà votre cousin ! dit ma mère à voix basse.

Toutes les deux le regardaient, émues, émerveillées, ravies, avec une adoration si exagérée, et l'oncle Jules — qui venait d'entrer — était si rouge de fierté, que Paul, écœuré, m'entraîna dans la salle à manger, où nous dégustâmes* les quatre bananes qu'il avait repérées au passage dans le compotier de cristal.

Un beau soir du mois d'avril je rentrais de l'école avec mon père et Paul. C'était un mercredi, le plus beau jour de la semaine, car nos jours ne sont beaux que par leur lendemain.*

Tout en marchant le long du trottoir de la rue Tivoli, mon père me dit:

— Crapaud,* j'aurai besoin de toi demain matin.

— Pour quoi faire?

— Tu le verras bien. C'est une surprise.

— Moi aussi, tu as besoin de moi? demanda Paul, inquiet.

— Bien sûr, dit mon père. Mais Marcel viendra avec moi, et toi tu resteras à la maison, pour surveiller la femme de ménage, qui va balayer la cave. C'est très important.

— Moi, d'habitude, dit Paul, j'ai peur d'aller dans la cave. Mais avec la femme de ménage, je n'aurai pas peur.

Le lendemain, vers huit heures, mon père vint me réveiller, en imitant une sonnerie de clairon, puis il rejeta mes couvertures au pied de mon lit.

— Il faut que tu sois prêt dans une demi-heure. Je vais me raser.

Je frottai mes yeux à poings fermés, je m'étirai, je me levai.

Paul avait disparu sous ses draps, il n'en sortait qu'une boucle de cheveux dorés.

* * *

Le jeudi était un jour de grande toilette, et ma mère prenait ces choses-là très au sérieux. Je commençai par m'habiller des pieds à la tête, puis je fis semblant de me laver à grande eau* : c'est-à-dire que vingt ans avant les bruiteurs* de la radio-diffusion, je composai la symphonie des bruits qui suggèrent une toilette.

J'ouvris d'abord le robinet du lavabo, et je le mis adroitement dans une certaine position qui faisait ronfler les tuyaux: ainsi mes parents seraient informés du début de l'opération.

Pendant que le jet d'eau bouillonnait bruyamment dans la cuvette, je regardais, à bonne distance.

Au bout de quatre ou cinq minutes, je tournai brusquement le robinet, qui publia sa fermeture en faisant, d'un coup de bélier,* trembler la cloison.

J'attendis un moment, que j'employai à me coiffer. Alors je fis sonner sur le carreau le petit tub de tôle et je rouvris le robinet — mais lentement, à très petits coups. Il siffla, miaula et reprit le ronflement saccadé. Je le laissai couler une bonne minute, le temps de lire une page des Pieds Nickelés. Au moment même où Croquignol,* après un croche-pied à* l'agent de police, prenait la fuite au-dessus de la mention « A suivre », je le refermai brusquement.

Mon succès fut complet, car j'obtins une double détonation, qui fit onduler le tuyau.

Encore un choc sur la tôle du tub et j'eus terminé,* dans le délai prescrit, une toilette plausible, sans avoir touché une goutte d'eau.

 * * *

Je trouvai mon père assis devant la table de la salle à manger. Il était en train de compter de l'argent; en face de lui, ma mère buvait son café. Ses nattes noires, qui avaient des reflets bleus, pendaient jusqu'à terre derrière sa chaise. Mon café au lait était servi. Elle me demanda:

— Tu t'es lavé les pieds?

Comme je savais qu'elle attachait une importance particulière à cette opération futile, et dont la nécessité me paraissait inexplicable (puisque les pieds, ça ne se voit pas), je répondis avec assurance:

— Tous les deux.

— Tu t'es coupé les ongles?

Il me sembla que l'aveu d'un oubli confirmerait la réalité du reste.

— Non, dis-je, je n'y ai pas pensé. Mais je les ai taillés dimanche.

— Bien, dit-elle.

Elle parut satisfaite. Je le fus aussi.

Pendant que je croquais mes tartines, mon père dit:

— Tu ne sais pas où nous allons? Eh bien, voilà. Ta mère a besoin d'un peu de campagne. J'ai donc loué, de moitié avec l'oncle Jules, une villa dans la colline, et nous y passerons les grandes vacances.

Je fus émerveillé.

— Et où est-elle, cette villa?

— Loin de la ville, au milieu des pins.

— C'est très loin?

— Oh oui, dit ma mère. Il faut prendre le tramway, et marcher ensuite pendant des heures.

— Alors, c'est sauvage?

— Assez, dit mon père. C'est juste au bord d'un désert de garrigue,* qui va d'Aubagne jusqu'à Aix. Un vrai désert!

Paul arrivait, pieds nus, pour savoir ce qui se passait et il demanda:

— Est-ce qu'il y a des chameaux?

— Non, dit mon père. Il n'y a pas de chameaux.

— Et des rhinocéros?

— Je n'en ai pas vu.

J'allais poser mille questions, lorsque ma mère me dit:

— Mange.

Et comme j'oubliais ma tartine, elle poussa ma main vers ma bouche.

Puis, elle se tourna vers Paul:

— Toi, va d'abord mettre tes pantoufles, sinon tu vas nous faire encore une angine.* Allez, file!

Il fila.

Je demandais:

— Alors, tu m'emmènes dans la colline, ce matin?

— Non! dit-il. Pas encore! Cette villa est toute vide, et il va falloir la meubler. Seulement, les meubles neufs coûtent très cher: alors, nous allons ce matin chez le brocanteur des Quatre-Chemins.

* * *

Mon père avait une passion*: l'achat des vieilleries chez les brocanteurs.

Chaque mois, lorsqu'il revenait de « toucher son mandat* » à la mairie, il rapportait quelques merveilles: une muselière crevée (0 fr. 50), un compas diviseur* épointé (1 fr. 50), un archet de contrebasse (1 fr.), une scie de chirurgien (2 fr.), une longue-vue de marine où l'on voyait tout à l'envers (3 fr.), un couteau à scalper (2 fr.), un cor de chasse un peu ovalisé, avec une embouchure de trombone (3 fr.), sans parler d'objets mystérieux, dont personne n'avait jamais pu trouver l'usage, et qui traînaient un peu partout dans la maison.*

Ces arrivages mensuels étaient, pour Paul et pour moi, une véritable fête. Ma mère ne partageait pas notre enthousiasme. Elle regardait, stupéfaite, l'arc des îles Fidji,* ou l'altimètre de précision, dont l'aiguille, montée un jour à 4.000 mètres (à la suite d'une ascension du mont Blanc, ou d'une chute dans un escalier), n'en voulut jamais redescendre.

Alors, elle disait avec force: « Surtout, que les enfants ne touchent pas à ça! »

Elle courait à la cuisine, et revenait avec de l'alcool, de l'eau de Javel, des cristaux de soude, et elle frottait longuement ces épaves.

Il faut dire qu'à cette époque, les microbes étaient tout neufs, puisque le grand Pasteur* venait à peine de les inventer, et elle les imaginait comme de très petits tigres, prêts à nous dévorer par l'intérieur.

Tout en secouant le cor de chasse, qu'elle avait rempli d'eau de Javel, elle disait, d'un air navré:

— Je me demande, mon pauvre Joseph, ce que tu veux faire de cette saleté!

Le pauvre Joseph, triomphant, répondait simplement:

— Trois francs!

J'ai compris plus tard que ce qu'il achetait,* ce n'était pas l'objet: c'était son prix.

— Eh bien, voilà trois francs de gaspillés!

— Mais, ma chérie, si tu voulais fabriquer ce cor de chasse, pense à l'achat du cuivre, pense à l'outillage spécial qu'il te faudrait, pense aux centaines d'heures de travail indispensables pour la mise en forme* de ce cuivre...

Ma mère haussait doucement les épaules, et on voyait bien qu'elle n'avait jamais songé à fabriquer ce cor de chasse, ni aucun autre.

Alors mon père, avec condescendance, disait:

— Tu ne te rends pas compte que cet instrument, peut-être inutile par lui-même, est une véritable mine! Réfléchis, une seconde: je scie le pavillon, et j'obtiens un cornet acoustique, un porte-voix de marine, un entonnoir, un pavillon de phonographe; le reste du tube, si je l'enroule en spirale, c'est le serpentin d'un alambic. Je puis aussi le redresser pour en faire une sarbacane, ou une conduite d'eau, en *cuivre*, note bien! Si je le scie en tranches fines, tu as vingt douzaines d'anneaux de rideaux; si je le perce de cent petits trous, nous avons un collier à douches*; si je l'ajuste à la poire à lavements,* c'est un pistolet à bouchon...*

Ainsi, devant ses fils émerveillés, et sa chère femme navrée, il transformait l'instrument inutile en mille objets tout aussi inutiles, mais plus nombreux.

C'est pourquoi ma mère, au seul mot de « brocanteur », avait hoché la tête plusieurs fois, avec un petit air d'inquiétude.

Mais elle ne formula pas sa pensée et me dit seulement: « As-tu un mouchoir? »

Assurément, j'avais un mouchoir: il était tout propre, dans ma poche, depuis huit jours.

Pour moi, qui savais extraire de mon nez, avec l'ongle de mon index, les matériaux sifflants qui gênaient ma respiration, l'usage du mouchoir me semblait être une superstition parentale.

Il m'arrivait parfois de m'en servir, pour faire briller mes souliers, ou pour essuyer mon banc d'écolier; mais l'idée de souffler du mucus dans cette étoffe délicate, et de renfermer le tout dans ma poche, me paraissait absurde et dégoûtante. Cependant, comme les enfants viennent trop tard pour faire l'éducation des parents, il faut respecter leurs incurables manies, et ne jamais les chagriner. C'est pourquoi, tirant mon mouchoir de ma poche, et cachant dans ma main une assez belle tache d'encre, je l'agitai, comme sur un quai de gare, devant ma chère maman rassurée, et je suivis mon père dans la rue.

Là, au bord du trottoir, je vis une petite charrette à bras qu'il avait empruntée au voisin. En grosses lettres noires, sur la ridelle, on lisait:

BERGOUGNAS

BOIS ET CHARBONS

Mon père entra dans les brancards, à reculons.

— J'ai besoin de toi, me dit-il, pour serrer la mécanique* quand nous descendrons la rue Tivoli.

Je regardai au loin cette rue qui montait vers le ciel par une pente de toboggan.

— Mais papa, lui dis-je, elle monte, la rue Tivoli!

— Oui, me dit-il. Maintenant, elle monte. Mais je suis presque sûr qu'au retour, elle descendra. Et au retour, nous serons chargés. Pour le moment, installe-toi sur le charreton.*

Je pris place au beau milieu du plateau,* pour en assurer l'équilibre.

Ma mère, derrière la grille bombée de la fenêtre, nous regardait partir.

— Surtout, dit-elle, prenez garde aux tramways!

Sur quoi mon père, pour exprimer sa confiance, poussa un joyeux hennissement, lança deux petites ruades et partit au galop vers l'aventure.

* * *

Nous nous arrêtâmes au bout du boulevard de la Madeleine, devant une boutique noirâtre. Elle commençait sur le trottoir, qui était encombré de meubles hétéroclites, autour d'une très vieille pompe à incendie* à laquelle était accroché un violon.

Le maître de ce commerce était très grand, très maigre, et très sale. Il portait une barbe grise, et des cheveux de troubadour sortaient d'un grand chapeau d'artiste. Son air était mélancolique, et il fumait une pipe en terre.

Mon père lui avait déjà rendu visite et avait retenu quelques

« meubles » : une commode, deux tables, et plusieurs fagots de morceaux de bois poli qui, selon le brocanteur, devaient permettre de reconstituer six chaises. Il y avait aussi un petit canapé qui perdait ses entrailles comme un cheval de toréador, trois sommiers crevés, des paillasses à moitié vides, un bahut qui n'avait plus ses étagères, une gargoulette* qui représentait assez schématiquement un coq, et divers ustensiles de ménage que la rouille appareillait.*

Le brocanteur nous aida à charger tout ce fourniment sur la charrette à bras, qui avait laissé tomber une béquille, comme font les ânes au printemps. Le tout fut arrimé* avec des cordes, qu'un long usage avait rendues chevelues. Puis, on fit les comptes. Après une sorte de méditation, le brocanteur regarda fixement mon père et dit :

— Ça fait* cinquante francs !

— Ho ho ! dit mon père, c'est trop cher !

— C'est cher, mais c'est beau, dit le brocanteur. La commode est d'époque !*

Il montrait du doigt cette ruine vermoulue.

— Je le crois volontiers, dit mon père. Elle est certainement d'une époque, mais pas de la nôtre !

Le brocanteur prit un air dégoûté et dit :

— Vous aimez tellement le moderne ?

— Ma foi, dit mon père, je n'achète pas ça pour un musée. C'est pour m'en servir.

Le vieillard parut attristé par cet aveu.

— Alors, dit-il, ça ne vous fait rien de penser que ce meuble a peut-être vu la reine Marie-Antoinette* en chemise de nuit ?

— D'après son état, dit mon père, ça ne m'étonnerait pas qu'il ait vu le roi Hérode* en caleçons !

— Là, je vous arrête,* dit le brocanteur, et je vais vous apprendre une chose : le roi Hérode avait peut-être des caleçons, mais il n'avait pas de commode ! Rien que des coffres à clous d'or, et des espèces de cocottes* en bois. Je vous le dis parce que je suis honnête.

— Je vous remercie, dit mon père. Et puisque vous êtes honnête, vous me faites le tout à* trente-cinq francs.

Le brocanteur nous regarda tour à tour, hocha la tête avec un douloureux sourire, et déclara :

— Ce n'est pas possible, parce que je dois cinquante francs à mon propriétaire qui vient encaisser à midi.

— Alors, dit mon père indigné, si vous lui deviez cent francs, vous oseriez me les demander?

— Il faudrait bien!* Où voulez-vous que je les prenne? Remarquez que si je ne devais que quarante francs, je vous demanderais quarante. Si je devais trente, ça serait trente...

— Dans ce cas, dit mon père, je ferais mieux de revenir demain, quand vous l'aurez payé et que vous ne lui devrez plus rien...

— Ah maintenant, ce n'est plus possible! s'écria le brocanteur. Il est onze heures juste. Vous êtes tombé dans ce coup-là*: vous n'avez plus le droit d'en sortir. D'ailleurs je reconnais que vous n'avez pas eu de chance de venir aujourd'hui. Mais quoi!* A chacun son destin! Vous, vous êtes jeune et frais, vous êtes droit comme un i,* et vous avez deux yeux superbes: tant qu'il y aura des bossus et des borgnes, vous n'aurez pas le droit de vous plaindre, c'est cinquante francs!

— Bien, dit mon père. Dans ce cas, nous allons décharger ces débris, et nous irons nous servir ailleurs. Petit, détache les cordes!

Le brocanteur me retint par le bras en criant: « Attendez! »

Puis il regarda mon père avec une tristesse indignée, secoua la tête, et me dit: « Comme il est violent! »

Il s'avança vers lui, et parla solennellement:

— Sur le prix, ne discutons plus: c'est cinquante francs; ça* m'est impossible de le raccourcir.* Mais nous pouvons peut-être allonger* la marchandise.

Il entra dans sa boutique: mon père me fit un clin d'œil triomphal et nous le suivîmes.

Il y avait des remparts d'armoires, des miroirs lépreux, des casques, des pendules, des bêtes empaillées. Il plongea son bras dans ce fouillis, et en retira divers objets.

— Premièrement, dit-il, puisque vous aimez le Moderne, je vous donne en plus cette table de nuit* *en tôle émaillée*, et ce robinet col de cygne, *nickelé par galvanoplastie*. Vous ne direz pas que ce n'est pas Moderne! Deuxièmement, je vous donne ce fusil arabe damasquiné, qui n'est pas un fusil à pierre, mais à capsule.* Admirez

la longueur du canon! On dirait une canne à pêche. Et regardez, ajouta-t-il à voix basse, les initiales (en lettres arabes) qui sont gravées sur la crosse!

Il nous montra des signes, qui avaient l'air d'une poignée de virgules, et chuchota:

— A et K. Avez-vous saisi?*

— Vous allez m'affirmer, dit mon père, que c'est le propre fusil d'Abd-el-Kader?*

— Je n'affirme rien, dit le brocanteur avec conviction. Mais on a vu plus fort!!* A bon entendeur, salut! Je vous donne en plus ce pare-étincelles en cuivre découpé, ce parapluie de berger (qui sera comme neuf si vous changez seulement la toile), ce tam-tam de la Côte d'Ivoire — qui est une pièce de *collection** — et ce fer à repasser de tailleur. Est-ce que ça va?*

— C'est honnête, dit mon père. Mais je voudrais aussi cette vieille cage à poules.

— Hé hé! dit le brocanteur, je reconnais qu'elle est vieille mais elle peut servir aussi bien qu'une neuve. Enfin, puisque c'est vous, je vous la donne.

Mon père lui tendit un billet mauve de cinquante francs. Il le prit gravement, avec un salut de la tête.

Enfin, comme nous finissions de glisser notre butin sous les cordes déjà tendues, pendant qu'il rallumait sa pipe, il dit tout à coup:

— J'ai bien envie de vous faire un cadeau d'un lit pour le petit!

Il entra dans son magasin, disparut derrière la forêt d'armoires, et reparut, triomphant. Il portait à bout de bras un cadre fait de quatre vieilles solives si mal jointes qu'au moindre effort, ce carré devenait losange. Sur l'un de ces bois, on avait fixé, avec des clous de tapissier, un rectangle de toile de jute, aux bords effilochés, qui pendait comme le drapeau de la misère.*

— A la vérité, dit-il, il manque un second cadre tout pareil pour former un X avec celui-ci. Avec quatre bouts de bois, vous en verrez la farce,* et le petit dormira comme un pacha!

Il croisa ses bras sur sa poitrine, pencha doucement la tête sur le côté, et feignit de s'endormir avec un sourire béat.

Nous lui fîmes de grands remerciements; il en parut touché et, levant sa main droite qui nous présenta une paume noirâtre, il s'écria:

— Attendez! J'ai encore une surprise pour vous!

Et il rentre dans sa boutique en courant. Mais mon père qui avait passé la bricole, démarra brusquement et descendit à bonne allure le boulevard de la Madeleine, tandis que le généreux vieillard, reparu au bord du trottoir, brandissait à bout de bras un immense drapeau de la Croix-Rouge, que nous jugeâmes inutile d'aller chercher.

Lorsque ma mère, qui nous attendait à la fenêtre, vit arriver ce chargement, elle disparut aussitôt pour reparaître sur le seuil.

— Joseph, dit-elle selon l'usage, tu ne vas pas rentrer toutes ces saletés dans la maison?

— Ces saletés, dit mon père, vont être la base d'un mobilier rustique que tu ne te lasseras pas de regarder. Laisse-nous seulement le temps d'y travailler! Mes plans sont faits, et je sais où je vais.

Ma mère secoua la tête et soupira, tandis que le petit Paul accourait pour aider au déchargement.

Nous transportâmes tout le matériel à la cave, où mon père avait décidé d'installer notre atelier.

Nos travaux commencèrent par le vol, dont je fus chargé, d'une cuillère en fer battu, dans un tiroir de la cuisine.

Ma mère la chercha longtemps, et la retrouva plusieurs fois. Mais elle ne la reconnut jamais, car nous l'avions aplatie à coups de marteau pour en faire une truelle.

Avec cet outil, digne de Robinson Crusoé, nous scellâmes dans le mur de la cave deux bouts de fer, reliés par quatre vis à une flageolante table, dont ils assurèrent la stabilité, et qui fut ainsi promue au rang d'établi.

Nous y installâmes un étau criard, apaisé d'une goutte d'huile. Puis, nous fîmes le classement de l'outillage. Une scie, un marteau, une paire de tenailles, des clous de tailles différentes, mais également tordus par de précédentes extractions, des vis, un tournevis, un rabot, un ciseau à bois.

J'admirai ces trésors, ces Machines, que le petit Paul n'osait pas toucher, car il croyait à la méchanceté active des outils pointus ou tranchants, et faisait peu de différence entre une scie et un crocodile. Cependant il comprit bien que de grandes choses se préparaient; il partit soudain en courant, et nous rapporta, avec un beau sourire, deux bouts de ficelle, de petits ciseaux en celluloïd et un écrou qu'il avait trouvé dans la rue.

Nous accueillîmes ce complément d'outillage avec des cris d'enthousiasme et de reconnaissance, tandis que Paul rougissait de fierté.

Mon père l'installa sur un tabouret de bois, et lui recommanda de n'en jamais descendre.

— Tu vas nous être très utile, lui dit-il, parce que les outils ont une grande malice* : dès qu'on en cherche un, il le comprend, et il se cache...

— Parce qu'ils ont peur des coups de marteau! dit Paul.

— Naturellement, dit mon père. Alors, toi, sur ce tabouret, surveille-les bien : ça nous fera gagner beaucoup de temps.

* * *

Chaque soir, à six heures, je sortais de l'école avec lui; nous rentrions à la maison en parlant de nos travaux et nous achetions en chemin de petites choses oubliées : de la colle de menuisier, des vis, un pot de peinture, une râpe à bois. Nous nous arrêtions souvent chez le brocanteur, devenu notre ami. Là, j'entrais en pleine féerie, car j'avais maintenant la permission de fouiller partout. Il y avait tout, dans cette boutique; pourtant, on n'y trouvait jamais ce que l'on cherchait... Venus pour acheter un balai, nous repartions avec un cornet à piston, ou une sagaie, celle-là même — aux dires de* notre ami — qui avait tué le prince Bonaparte.* Dès notre arrivée à la maison, ma mère, selon le rite établi, nous dépouillait de ce butin, me lavait les mains en grande hâte, et brossait nos trophées à l'eau de Javel. Après cette toilette médicale, je plongeais dans l'escalier de la cave, et je trouvais mon père, en compagnie de Paul, dans « l'atelier ».

Il était éclairé par une lampe à pétrole : elle était en cuivre un peu cabossé, et portait un bec Matador,* c'est-à-dire que la mèche circulaire sortait d'un tube de cuivre, et montait sous un petit champignon* de métal qui forçait la flamme à s'épanouir en corolle. Cette corolle était assez large et, pour la contenir, le « verre » que les Anglais appellent excellemment « la cheminée* », avait à sa base un renflement du plus bel effet : mon père considérait cette lampe comme le dernier mot de la technique, et il est vrai qu'elle donnait

une vive lumière, en même temps qu'une violente odeur moderne.

Nous commençâmes par l'assemblage des chaises. C'était un puzzle,* et d'autant plus difficile à résoudre que les barreaux n'entraient pas dans les trous des montants et qu'ils n'étaient pas tous de la même longueur.

Nous allâmes revendiquer* chez l'antiquaire, qui feignit d'abord de s'étonner, puis nous donna une botte de barreaux. Il tint à l'assortir* d'un petit cadeau, sous la forme d'une paire d'étriers _stirrups_ mexicains.

A grand renfort* de colle forte, dont je faisais fondre les galettes* dans de l'eau tiède, les six chaises furent reconstituées, puis vernies. Avec de la ficelle épaisse, ma mère tissa les sièges. Par un raffinement imprévu, une triple cordelette rouge en cernait le bord.

Mon père les ayant rangées autour de la table de la salle à manger, les contempla longuement; puis il déclara que ces meubles, ainsi attifés, valaient au moins cinq fois le prix qu'il les avait payés, et nous fit admirer, une fois de plus, les prodigieuses « affaires* » qu'il savait découvrir chez les brocanteurs.

Ce fut ensuite le tour de la commode, dont les tiroirs étaient si fortement coincés qu'il fallut démonter tout le meuble, et user longuement du rabot.

Ces travaux qui ne durèrent pas plus de trois mois, occupent cependant dans ma mémoire, une place considérable, car c'est à la lumière du bec Matador que j'ai découvert l'intelligence de mes mains, et la prodigieuse efficacité des plus simples outils.

* * *

Un beau jeudi matin, nous pûmes installer le long du corridor de l'immeuble, le mobilier des grandes vacances. L'oncle Jules avait été convoqué, à titre d'admirateur probable, et notre ami le brocanteur était venu en expert.

L'oncle admira, le brocanteur expertisa. Il loüa les tenons, il approuva les mortaises, et trouva les collages parfaits. Puis comme l'ensemble ne ressemblait à rien, il déclara que c'était du « rustique provençal », ce qui fut doctoralement approuvé par l'oncle Jules.

Ma mère était émerveillée par la beauté de ces meubles, et selon

la prophétie de mon père, elle ne pouvait se lasser de les regarder.
Elle admira surtout un petit guéridon, revêtu par mes soins de trois
couches de « vernis acajou ». Il était vraiment beau à voir, mais il
valait mieux le regarder que le toucher, car en posant les mains à
plat sur la tablette, on pouvait le soulever et le transporter ailleurs,
comme font les médiums. Je crois que tout le monde s'aperçut
de cet inconvénient, mais personne n'en dit un seul mot qui eût
gâté le triomphe de notre exposition.

J'eus d'ailleurs le plaisir de constater plus tard qu'une petite erreur
peut avoir de grands avantages, car ce guéridon, placé dans un coin
bien éclairé, comme un meuble de prix, attrapa tant de mouches
qu'il assura le silence et l'hygiène de la salle à manger des vacances,
tout au moins pendant la première année.

Enfin, au moment de partir, le généreux expert ouvrit une vieille
valise qu'il avait apportée. Il en tira une gigantesque pipe, dont le
fourneau, sculpté dans une racine, était aussi gros que ma tête, et il
l'offrit à mon père « à titre de curiosité ». Puis, il fit présent à ma
mère d'un collier de coquillages qu'avait porté la reine Ranavalo*
et, s'excusant de n'avoir pas prévu la présence de l'oncle Jules —
« qui ne perdrait rien pour attendre » — il prit congé avec des
façons de grand seigneur.

La première quinzaine de juillet fut bien longue.

Les meubles attendaient dans le couloir, et nous attendions à l'école, où nous ne faisions pas grand-chose.

Les maîtres nous lisaient des contes d'Andersen* ou d'Alphonse Daudet,* puis nous allions jouer dans la cour pendant la plus grande partie de la journée. Mais nous poursuivions sans conviction ces jeux d'écoliers, tout à coup rapetissés et désenchantés* par l'approche, lente mais sûre, des jeux éternels des grandes vacances.

Je me répétais sans cesse quelques mots magiques: la « villa », les « pinèdes », les « collines », les « cigales* ». Il y en avait bien quelques-unes au bout des platanes scolaires. Mais je n'en avais jamais vu de près, tandis que mon père m'en avait promis des milliers, et presque toujours à portée de la main... C'est pourquoi, écoutant les chanteuses égarées qui nous narguaient,* invisibles dans les hauts feuillages, je pensais — sans la moindre poésie — « Toi, ma vieille, quand nous serons dans les collines, je te mettrai la paille au cul! » Telle est la gentillesse des « petits anges » de huit ans.

Un soir, l'oncle Jules et la tante Rose vinrent dîner à la maison. Ce fut un dîner-conférence, pour la préparation du grand départ, qui devait avoir lieu le lendemain.

L'oncle Jules, qui se flattait d'être un organisateur, déclara d'abord qu'à cause de l'état des chemins, il n'était pas possible de louer une voiture importante,* qui aurait d'ailleurs coûté une fortune, — peut-être même vingt francs!

Il avait donc loué deux voitures: un petit camion de déménagement, qui transporterait ses propres meubles, ainsi que sa femme, son fils et lui-même, au prix de sept francs cinquante.

Cette somme comprenait la puissance* d'un déménageur qui serait à notre service toute la journée.

Pour nous, il avait trouvé un paysan, qui s'appelait François, et dont la ferme était à quelques centaines de mètres de la villa. Ce François venait deux fois par semaine vendre ses fruits au marché de

Marseille. En remontant chez lui, il transporterait notre mobilier au prix raisonnable de quatre francs. Cet arrangement enchanta mon père, mais Paul demanda:

— Et nous, nous monterons sur la charrette?

— Vous, dit l'Organisateur, vous prendrez le tramway jusqu'à la Barasse,* et de là, vous rejoindrez votre paysan *pedibus cum jambis*.* Augustine aura une petite place sur le chariot, et les trois hommes suivront à pied, avec le paysan.

Les trois hommes acceptèrent cette idée avec joie, et la conversation, qui dura jusqu'à onze heures, devint absolument féerique, car l'oncle Jules parla de chasse, puis mon père parla des insectes, si bien que jusqu'à mon réveil, je tirai des coups de fusil sur des millepattes, des sauterelles et des scorpions.

Le lendemain matin, dès huit heures, nous étions prêts, et déjà revêtus du costume des vacances: culottes de toile écrue, et chemises à manches courtes, blanches, mais ornées de cravates bleues.

Ces vêtements étaient l'ouvrage de ma mère: on avait acheté dans un grand magasin nos casquettes à longue visière, et nos espadrilles à semelles de corde.

Mon père portait un veston à martingale, avec deux grandes poches plaquées,* et une casquette bleu-marine, tandis que ma mère était jeune et belle dans une robe blanche à petites fleurs rouges, qu'elle avait merveilleusement réussie.

Quant à la petite sœur, qui ouvrait de grands yeux noirs sous un bonnet bleu, elle paraissait inquiète parce qu'elle avait compris que nous allions quitter la maison.

Le paysan nous avait prévenus: l'heure de notre départ ne dépendait point de son zèle, mais de la vitesse d'écoulement de ses abricots.

Elle ne fut pas très rapide ce jour-là, car à midi il n'était pas encore arrivé.

Nous déjeunâmes donc, dans la maison déjà abandonnée, de saucisson et de viande froide, et nous courions sans cesse à la fenêtre, pour guetter l'arrivée du messager des vacances.

Il parut enfin.

* * *

C'était une charrette bleue, d'un bleu délavé, qui laissait transparaître les fibres du bois.

Les roues très hautes avaient un jeu* latéral considérable: quand elles arrivaient à bout de jeu,* c'est-à-dire à chaque tour, il y avait un choc tintant. Les cercles de fer tressautaient sur les pavés, les brancards gémissaient, les sabots du mulet faisaient sauter des étincelles... C'était le chariot de l'aventure et de l'espoir...

Le paysan qui le conduisait n'avait ni veste ni blouse, mais un gilet tricoté, d'une laine épaisse, feutrée* par la crasse. Sur la tête, une casquette informe, à la visière ramollie.* Cependant, de belles dents blanches brillaient dans un visage d'empereur romain.

Il parlait provençal, il riait et faisait claquer une longue lanière au bout d'un manche de jonc tressé.

Aidé de mon père, et grandement gêné par les efforts du petit Paul (qui s'accrochait aux plus gros meubles en prétendant les transporter), le paysan chargea la charrette, c'est-à-dire qu'il y entassa le mobilier en pyramide. Il en assura ensuite l'équilibre par un treillis de cordes, cordelettes et ficelles, et jeta sur le tout une bâche trouée.

Alors, il s'écria, en provençal:

— Cette fois-ci, nous y sommes!* et il alla prendre la bride du mulet, qu'il fit démarrer au moyen de plusieurs injures blessantes, accompagnées de violentes saccades sur le mors du peu sensible animal.

Nous suivîmes nos biens meubles, comme un char funéraire, jusqu'au boulevard Mérentié. Là, nous quittâmes le paysan, et nous allâmes prendre le tramway.

Dans un brillant tintamarre de ferrailles, au tremblement cliquetant de ses vitres, et avec de longs cris aigus dans les courbes, le prodigieux véhicule s'élança vers l'avenir.

Comme nous n'avions pu trouver une place sur les banquettes, nous étions debout — ô merveille! — sur la plateforme avant. Je voyais le dos du « wattmann », qui, ses mains posées sur deux manivelles, lançait et refrénait tour à tour les élans du monstre, avec une tranquillité souveraine. Je fus séduit par ce personnage

tout-puissant, auquel s'ajoutait un grand mystère, car une plaque émaillée défendait à quiconque de lui parler, à cause de tous les secrets qu'il savait.

Lentement, patiemment, en utilisant les cahots et les coups de frein, je me glissai entre mes voisins, et j'arrivai enfin près de lui, abandonnant Paul à son triste sort: coincé entre les hautes jambes de deux gendarmes, les cahots de la voiture le lançaient, le nez en avant, sur les fesses d'une dame énorme, qui oscillait dangereusement.

Alors, les rails luisants s'avancèrent vertigineusement vers moi, le vent de la vitesse souleva la visière de ma casquette, et bourdonna dans le pavillon de mes oreilles: nous dépassâmes en deux secondes un cheval lancé au galop.

Je n'ai jamais retrouvé sur les machines les plus modernes cet orgueil triomphal d'être un petit d'homme,* vainqueur de l'espace et du temps.

Mais ce bolide de fer et d'acier,* qui nous rapprochait des collines, ne nous y conduisait pas: il fallut le quitter dans l'extrême banlieue de Marseille, en un lieu nommé la Barasse, et il continua sa course folle vers Aubagne.

Mon père qui avait déplié un plan, nous guida jusqu'à l'embouchure d'une petite route poudreuse, qui fuyait la ville entre deux bistros: nous y entrâmes d'un bon pas, derrière notre Joseph qui portait la petite sœur sur son cou.

Il était bien joli ce chemin de Provence. Il se promenait entre deux murailles de pierres cuites par le soleil, au bord desquelles se penchaient vers nous de larges feuilles de figuier, des buissons de clématites, et des oliviers centenaires. Au pied des murs, une bordure d'herbes folles et de ronces prouvait que le zèle du cantonnier était moins large que le chemin.*

J'entendais chanter les cigales, et sur le mur couleur de miel, des larmeuses immobiles, la bouche ouverte, buvaient le soleil. C'étaient de petits lézards gris, qui avaient le brillant de la plombagine. Paul leur fit aussitôt la chasse, mais il ne rapporta que des queues frétillantes. Notre père nous expliqua que ces charmantes bestioles les abandonnent volontiers, comme ces voleurs qui laissent

leur veston entre les mains de la police. D'ailleurs, elles se font*
une autre queue en quelques jours, en vue d'une nouvelle fuite...

Au bout d'une petite heure de marche, notre chemin en coupa un
autre, à travers une sorte de place ronde, parfaitement vide: mais
dans le creux de l'un des quarts de cercle, il y avait un banc de
pierre. Ma mère y fut installée et mon père déplia son plan:

— Voilà, dit-il, l'endroit où nous avons quitté le tramway. Voilà
l'endroit où nous sommes en ce moment, et voilà le carrefour des
Quatre-Saisons où notre déménageur nous attend, à moins que nous
ne soyons obligés de l'attendre.

Je regardai avec étonnement le trait double qui figurait notre
chemin: il faisait un détour immense.

— Les cantonniers sont fous, dis-je, d'avoir fait une route aussi
tordue!

— Ce ne sont pas les cantonniers qui sont fous, dit mon père, c'est
notre société qui est absurde.

— Pourquoi? demanda ma mère.

— Parce que cet immense détour nous est imposé par quatre ou
cinq grandes propriétés, que le chemin n'a pu traverser, et qui
s'étendent derrière ces murs... Voici, dit-il, en montrant un point
sur la carte, notre villa... A vol d'oiseau, elle est à quatre kilo-
mètres de la Barasse... Mais à cause de quelques grands pro-
priétaires, il va falloir en faire neuf.

— C'est beaucoup pour les enfants, dit ma mère.

Mais moi je pensais que c'était beaucoup pour elle. C'est
pourquoi, lorsque mon père se leva pour repartir, je demandai
encore quelques minutes de grâce, en prétextant une douleur dans
la cheville.

Nous marchâmes encore une heure, le long des murs entre
lesquels nous étions forcés de rouler comme les billes des jeux de
patience...*

Paul allait recommencer la chasse aux queues des larmeuses, mais
ma mère l'en dissuada, par quelques paroles pathétiques qui lui
mirent les larmes aux yeux: il remplaça donc ce jeu cruel par la
capture de petites sauterelles, qu'il écrasait entre deux pierres.

Cependant, mon père expliquait à ma mère que, dans la société future, tous les châteaux seraient des hôpitaux, tous les murs seraient abattus, et tous les chemins tracés au cordeau.*

— Alors, dit-elle, tu veux recommencer la révolution?

— Ce n'est pas une révolution qu'il faut faire. Révolution, c'est un mot mal choisi, parce que ça veut dire un tour complet. Par conséquent, ceux qui sont en haut descendent jusqu'en bas, mais ensuite ils remontent à leur place primitive... et tout recommence. Ces murs injustes n'ont pas été faits sous l'ancien régime: non seulement notre République les tolère, mais c'est elle qui les a construits!

J'adorais ces conférences politico-sociales* de mon père, que j'interprétais à ma façon, et je me demandais pourquoi le Président de la République n'avait jamais pensé à l'appeler, tout au moins pendant les vacances, car il eût fait en trois semaines le bonheur de l'humanité.

Notre chemin déboucha tout à coup sur une route beaucoup plus large, mais qui n'était pas mieux entretenue.

— Nous sommes presque au rendez-vous, dit mon père. Ces platanes que tu vois là-bas, ce sont ceux des Quatre-Saisons! Et regardez! dit-il soudain en montrant l'herbe épaisse qui habillait le pied du mur, voilà une belle promesse!

Dans l'herbe, s'allongeaient d'immenses barres de fer, toutes rouillées.

— Qu'est-ce que c'est? demandai-je.

— Des rails! dit mon père. Les rails de la nouvelle ligne de tramway! Il ne reste plus qu'à les mettre en place!

Il y en avait tout le long de la route; mais la végétation qui les recouvrait prouvait que les constructeurs de la ligne ne voyaient pas l'urgence de son installation.

Nous arrivâmes devant le bar rustique des Quatre-Saisons. C'était, à la bifurcation de la route, une petite maison cachée sous deux grands platanes, derrière une haute fontaine de rocaille moussue. Une eau brillante, qui sortait de quatre tubes coudés, murmurait à l'ombre une chanson fraîche.

Il devait faire bon, sous les arceaux de ses platanes, devant les

petites tables vertes: mais nous n'entrâmes pas dans cet « assom-
moir »,* dont le charme faisait justement le danger.*

* * *

Nous allâmes donc nous asseoir sur le parapet qui bordait la route;
ma mère ouvrit le paquet du goûter, et nous commençâmes à
dévorer le pain craquant* et doré d'autrefois, le tendre saucisson
marbré de blanc (où je cherchais d'abord le grain de poivre, comme
la fève du gâteau des Rois),* et l'orange longtemps bercée sur les
balancelles* espagnoles.

Cependant, ma mère disait, soucieuse:

— Joseph, c'est bien loin!

— Et nous n'y sommes pas encore! dit joyeusement mon père...
Il nous reste au moins une heure de marche!

— Aujourd'hui, nous n'avons pas de paquets, mais quand il
faudra monter des provisions...

— On les montera, dit mon père.

— Maman, nous sommes trois hommes, dit Paul. Toi, tu ne
porteras rien.

— Bien sûr! dit mon père. Ce sera une promenade un peu
longue mais tout de même une promenade hygiénique! De plus,
nous ne pourrons venir que pour la Noël, Pâques et les grandes
vacances: en tout trois fois par an! Et puis, nous partirons le matin
de bonne heure, et nous déjeunerons sur l'herbe, à mi-chemin.
Puis nous nous arrêterons encore une fois, pour goûter. Et ensuite,
tu as vu ces rails. Je vais en parler au frère de Michel, qui est
journaliste: il est inadmissible qu'on les laisse se rouiller si longtemps.
Je te parie qu'avant six mois, le tramway nous déposera à la Croix,
c'est-à-dire à six cents mètres d'ici: il ne restera pas une heure de
marche.

A ces mots, je vis jaillir les rails de l'herbe, et s'encastrer dans les
pavés, tandis que s'annonçait au loin le sourd grondement d'un
tramway...

* * *

Toutefois, levant la tête, ce n'est pas la puissante machine que je
vis arriver, mais la branlante pyramide de notre déménagement.

Paul poussa un cri de joie et courut à la rencontre du mulet: le paysan le prit par les hanches et le mit à califourchon sur l'encolure de l'animal... C'est ainsi qu'il vint à notre hauteur: cramponné au collier, ivre de fierté et de peur, il avait un petit sourire, à mi-chemin entre la joie et la panique. Cependant, une honteuse jalousie me dévorait.

La charrette s'arrêta, et le paysan nous dit: « Maintenant, on va installer Madame. »

Il plia en quatre un sac, qu'il étala sur le plateau du véhicule, à la naissance* du brancard; mon père y posa ma mère, les jambes pendantes, plaça dans ses bras la petite sœur, dont la bouche était entourée par des festons de chocolat, et se mit en marche auprès d'elles, tandis que, grimpé sur le parapet, je suivais en dansant l'équipage.

Paul, non seulement rassuré, mais triomphal, se balançait gracieusement d'avant en arrière, au rythme des pas du mulet, et je contenais difficilement une envie brûlante de sauter en croupe derrière lui.

L'horizon devant nous était caché par les hautes futaies couronnées de feuillages qui bordaient les lacets du chemin.

Mais après vingt minutes de marche, nous découvrîmes tout à coup un petit village, planté en haut d'une colline, entre deux vallons: le paysage était fermé, à droite et à gauche, par deux à-pics* de roches, que les Provençaux appellent des « barres ».

— Voilà le village de la Treille! dit mon père.

Nous étions au pied d'une montée abrupte.

— Ici, dit le paysan, il faudrait que Madame descende, et que nous poussions un peu la charrette.

Le mulet, de lui-même,* s'était arrêté, et ma mère sauta sur le sol poudreux.

Le paysan détrôna Paul, puis sous le ventre du chariot, il ouvrit une sorte de tiroir, et en sortit deux gros coins de bois. Il en tendit un à ma mère surprise.

— C'est des cales, dit-il. Quand je vous le dirai, vous poserez celle-là par terre, derrière la roue de ce côté.

Elle parut heureuse de collaborer à une entreprise d'hommes, et prit la grosse cale dans ses petites mains.

— Et moi, dit Paul, je mettrai l'autre!

Sa proposition fut acceptée, et je fus profondément vexé par cette nouvelle violation du droit d'aînesse. Mais j'eus une revanche éclatante, car le paysan me tendit son fouet, un très gros fouet de roulier, et dit:

— Toi, tu frapperas le mulet.

— Sur les fesses?

— De partout, et avec le manche!

Puis il cracha dans ses mains, rentra la tête dans ses épaules,* et les deux bras en avant, il s'arc-bouta contre l'arrière du chariot: son corps était presque horizontal. Mon père prit de lui-même* la même posture. Alors le paysan hurla quelques injures graves à l'adresse du mulet, puis me cria: « Pico! pico! »* et il poussa de toutes ses forces. Je frappai la bête, non pas méchamment, mais comme pour lui donner le signal de l'effort: tout l'équipage s'ébranla, et parcourut une trentaine de mètres; alors le paysan, sans lever la tête, entre deux halètements, cria:

— La cale! la cale!

Ma mère, qui suivait la roue, posa prestement le coin de bois sous la jante de fer; Paul l'imita, avec une aisance remarquable, et le véhicule s'immobilisa, pour un repos de cinq minutes. Le paysan le mit à profit pour me dire qu'il fallait frapper beaucoup plus fort, et de préférence sous le ventre; Paul hurla:

— Non! non! Je ne veux pas!

Et comme mon père allait s'attendrir sur la bonté du petit bonhomme, Paul montra du doigt le paysan surpris et cria:

— Il faut lui crever les yeux!

— Ho ho! dit François indigné, me crever les yeux, à moi? Qu'est-ce que c'est que ce sauvage? Je crois qu'il vaudrait mieux l'enfermer dans le tiroir!

Il fit mine de l'ouvrir: Paul courut s'agripper aux pantalons paternels.

— Voilà ce que c'est, dit gravement mon père, de* vouloir crever les yeux aux gens: on finit par se faire enfermer dans les tiroirs!

— Ce n'est pas vrai! hurla Paul, et moi je ne veux pas!

— Monsieur, dit ma mère, nous pourrions peut-être attendre un peu: je crois qu'il a dit ça pour rire!

— Même pour rire, dit François, ce n'est pas des choses à dire! Me crever les yeux! Et juste le jour que je me suis acheté une paire de lunettes pour le soleil!

Il sortit en effet de sa poche un pince-nez à verres noirs qu'un camelot vendait quatre sous au marché.

— Tu pourras les mettre quand même, dit Paul, de loin.

— Mais, malheureux, dit le paysan, quand on a les yeux crevés, si en plus on met des lunettes noires, alors on n'y voit plus du tout! Enfin, pour cette fois, je ne dis plus rien... Allons-y!

Chacun reprit sa place. Je frappai le mulet sous le ventre, pas trop fort, mais en hurlant des ordres dans ses oreilles, tandis que le paysan l'appelait: « carcan, carogne* » et l'accusait de se nourrir d'excréments.

Par un suprême effort, nous atteignîmes le village, ou plutôt le hameau, dont les tuiles rougeâtres étaient d'une longueur antique. De très petites fenêtres perçaient les murs épais.

Il y avait à gauche une esplanade bordée de platanes et soutenue par un mur penché en arrière, qui avait bien dix mètres de haut. A droite, c'était la rue. Je dirais: la rue principale, s'il y en avait eu une autre. Mais on n'y rencontrait qu'une petite traverse,* qui n'avait que dix mètres de long et qui avait encore trouvé le moyen de faire un crochet à deux angles droits, pour atteindre la place du village. Plus petite qu'une cour d'école, la placette* était ombragée par un très vieux mûrier, au tronc creusé de profondes crevasses, et deux acacias: partis à la rencontre du soleil, ils essayaient de dépasser le clocher.

Au milieu de la place, la fontaine parlait toute seule. C'était une conque de pierre vive,* accrochée comme une bobèche, autour d'une stèle carrée, d'où sortait le tuyau de cuivre.

Ayant dételé le mulet (car la charrette n'aurait pu le suivre), François le conduisit à la conque, et la bête but longuement, tout en battant ses flancs de sa queue.

Un paysan passa. Quoique plutôt maigre, il était énorme.

Sous un feutre raidi par la crasse, deux sourcils roux, aussi gros que des épis de seigle. Ses petits yeux noirs brillaient au fond d'un tunnel. Une large moustache rousse cachait sa bouche, et ses joues étaient couvertes d'une barbe de huit jours. En passant près du mulet, il cracha, mais ne dit rien d'autre. Puis, le regard baissé, il s'éloigna en se balançant.

— En voilà un qui n'est guère sympathique, dit mon père.

— Ils ne sont pas tous comme ça, dit le paysan. Celui-là me veut. du mal, parce que c'est mon frère.

Cette raison lui paraissant assez claire, il entraîna le mulet, qui laissa tomber quelques brioches* et, pour finir, mit son rectum à l'envers, sous la forme d'une tomate.

Je crus qu'il allait en mourir, mais mon père me rassura:

— Il fait ça par hygiène, me dit-il. C'est sa façon à lui d'être propre.

Nous sortîmes du village: alors commença la féerie, et je sentis naître un amour qui devait durer toute ma vie.

Un immense paysage en demi-cercle montait devant moi jusqu'au ciel: de noires pinèdes, séparées par des vallons, allaient mourir comme des vagues au pied de trois sommets rocheux.

Autour de nous, des croupes de collines plus basses accompagnaient notre chemin, qui serpentait sur une crête entre deux vallons. Un grand oiseau noir, immobile, marquait le milieu du ciel, et de toutes parts, comme d'une mer de musique, montait la rumeur cuivrée des cigales. Elles étaient pressées de vivre, et savaient que la mort viendrait avec le soir.

Le paysan nous montra les sommets qui soutenaient le ciel au fond du paysage.

A gauche, dans le soleil couchant, un gros piton blanc étincelait au bout d'un énorme cône rougeâtre.

— Çui-là,* dit-il, c'est Tête Rouge.

A sa droite brillait un pic bleuté, un peu plus haut que le premier. Il était fait de trois terrasses concentriques, qui s'élargissaient en descendant, comme les trois volants de la pèlerine* de fourrure de M^{lle} Guimard.

— Çui-là, dit le paysan, c'est le Taoumé.

Puis pendant que nous admirions cette masse, il ajouta:

— On lui dit aussi* le Tubé.

— Qu'est-ce que ça veut dire? demanda mon père.

— Ça veut dire que ça s'appelle le Tubé ou bien le Taoumé.

— Mais quelle est l'origine de ces mots?

— L'origine, c'est qu'il a deux noms, mais personne ne sait pourquoi. Vous aussi, vous avez deux noms, et moi aussi.

Pour abréger cette savante explication, qui ne me parut pas décisive, il fit claquer son fouet aux oreilles du mulet, qui répondit par une pétarade.*

Au fond, à droite, mais beaucoup plus loin, une pente finissait

dans le ciel, portant sur son épaule le troisième piton de roches, penché en arrière, qui dominait tout le paysage.

— Ça, c'est Garlaban. Aubagne est de l'autre côté, juste au pied.

— Moi, dis-je, je suis né à Aubagne.

— Alors, dit le paysan, tu es d'ici.

Je regardai ma famille avec fierté, puis le noble paysage avec une tendresse nouvelle.

— Et moi, dit Paul inquiet, je suis né à Saint-Loup.* Est-ce que je suis d'ici?

— Un peu, dit le paysan. Un peu, mais guère...

Paul, vexé, se replia* derrière moi. Et comme il avait déjà de la conversation, il me dit à voix basse:

— C'est un couillon!*

On ne voyait pas de hameau, pas une ferme, pas même un cabanon.* Le chemin n'était plus que deux ornières poudreuses séparées par une crête d'herbes folles, qui caressaient le ventre du mulet.

Sur la pente qui plongeait à droite, de beaux pins dominaient une épaisse broussaille de chênes-kermès,* qui ne sont pas plus hauts qu'une table, mais qui portent de vrais glands de chêne, comme ces nains qui ont une tête d'homme.

Au delà du vallon se dressait une colline allongée. Elle avait la forme d'un vaisseau de guerre à trois ponts, en retrait les uns sur les autres. Elle portait trois longues pinèdes, séparées par des à-pics de roches blanches.

— Çui-là, dit le paysan, c'est les barres de Saint-Esprit.

A ce nom, si clairement « obscurantiste »*, mon père fronça un sourcil laïque, et demanda:

— Ils sont très calotins,* dans le pays?

— Un peu, dit le paysan.

— Vous allez à la messe, le dimanche?

— Ça dépend... Quand nous avons la sécheresse, moi je n'y vais pas, jusqu'à tant* qu'il pleuve. Le bon Dieu a besoin qu'on lui fasse comprendre.

Je fus tenté de lui révéler que Dieu n'existait pas, ce que je savais de très bonne source; mais comme mon père se taisait, je gardai modestement le silence.

Je m'aperçus soudain que ma mère ne marchait pas très facilement, à cause des talons « Louis XV »* de ses bottines à boutons. Sans mot dire, je rejoignis la charrette et réussis à en tirer la petite valise, que l'on avait glissée sous les cordes, à l'arrière du véhicule.

— Que fais-tu? dit-elle surprise.

Je posai la valise à terre, et j'en tirai ses espadrilles. Elles n'étaient pas plus grandes que les miennes. Elle me fit un merveilleux sourire de tendresse, et dit:

— Gros bêta,* on ne peut pas s'arrêter ici!

— Pourquoi? Nous les rattraperons!

Assise sur un rocher au bord de la route, elle changea de chaussures, sous les yeux de Paul, venu assister à l'opération, qui lui parut assez audacieuse du point de vue de la pudeur, car il regarda de tous côtés, pour s'assurer que personne n'avait pu voir les bas maternels.

Elle nous prit par la main et, au pas de course, nous rejoignîmes la charrette où je replaçai le précieux bagage. Comme elle était petite maintenant! Elle avait l'air d'avoir quinze ans, ses joues étaient roses, et je vis avec plaisir que ses mollets paraissaient plus gros.

Le chemin montait toujours, et nous approchions des pinèdes.

A gauche, le coteau descendait, par d'étroites terrasses, jusqu'au fond d'un vallon verdoyant.

Le paysan disait à mon père:

— Çui-là aussi, il a deux noms. On lui dit « Le Vala » ou bien « Le Ruisseau ».

— Ho ho! dit mon père charmé, il y a un ruisseau?

— Bien sûr, dit le paysan. Et un beau ruisseau!

Mon père se tourna vers nous:

— Mes enfants, au fond du vallon, il y a un ruisseau!

Le paysan se tourna à son tour, et ajouta:

— Quand il pleut, bien entendu...

Les terrasses de ce Vala étaient couvertes d'oliviers à quatre ou cinq troncs, plantés en rond. Ils se penchaient un peu en arrière pour avoir la place d'épanouir leurs feuillages qui formaient un seul bouquet. Il y avait aussi des amandiers d'un vert tendre, et des abricotiers luisants.

Je ne savais pas les noms de ces arbres, mais je les aimai aussitôt.

Entre eux, la terre était inculte, et couverte d'une herbe jaune et brune dont le paysan nous apprit que c'était de la « baouco* ». On aurait dit du foin séché, mais c'est là son teint naturel. Au printemps, pour participer à l'allégresse générale, elle fait un effort et verdit faiblement. Mais malgré cette pauvre mine, elle est vivace et vigoureuse, comme toutes les plantes qui ne servent à rien.

C'est là que je vis pour la première fois des touffes d'un vert sombre qui émergeaient de cette « baouco » et qui figuraient des oliviers en miniature. Je quittai le chemin, je courus toucher leurs petites feuilles. Un parfum puissant s'éleva comme un nuage, et m'enveloppa tout entier.

C'était une odeur inconnue, une odeur sombre et soutenue, qui s'épanouit dans ma tête et pénétra jusqu'à mon cœur.

C'était le thym, qui pousse au gravier des garrigues: ces quelques plantes étaient descendues à ma rencontre, pour annoncer au petit écolier le parfum futur de Virgile.*

J'en arrachai quelques brindilles, et je rejoignis la charrette en les tenant sous mes narines.

— Qu'est-ce que c'est? dit ma mère.

Elle les prit, respira profondément:

— C'est du thym frais, dit-elle. On fera des civets merveilleux.

— Du thym? dit François avec un certain mépris. Il vaut bien mieux le pèbre d'aï...*

— Qu'est-ce que c'est?

— C'est comme une espèce de thym, et en même temps c'est une espèce de menthe. Mais ça ne peut pas se dire*: je vous en ferai voir!

Il parla ensuite de la marjolaine, du romarin, de la sauge, du fenouil. Il fallait en « bourrer le ventre de la lièvre », ou bien « le hacher finfinfin »,* avec « un gros bout de lard gras ».

Ma mère écoutait très intéressée. Moi, je flairais les brindilles sacrées, et j'avais honte.

Le chemin montait toujours, franchissant de temps à autre un petit plateau. En regardant en arrière, on voyait la longue vallée de l'Huveaune, sous une traînée vaporeuse, qui allait jusqu'à la mer brillante.

Paul trottait de tous côtés: il frappait, avec une pierre, sur le tronc des amandiers, et des volées de cigales fuyaient, vibrantes d'indignation.

Il y eut une dernière côte, aussi rude que la première. Grâce à une volée de coups de trique, le mulet, sous un dos en arc de cercle qui se détendait brusquement, et hochant la tête à chaque coup de collier, tira par saccades la brinqueballante* charrette dont le chargement, balancé comme la tige d'un métronome, arrachait au passage des branches d'olivier. Mais il s'en trouva une plus forte que le pied de la table, qui tomba sur la tête résonnante de mon père stupéfait.

Tandis que ma mère tâchait de conjurer la montée d'une bosse en pressant sur l'ecchymose* une pièce de deux sous, le petit Paul dansait en riant aux éclats. Pour moi, je ramassai le pied coupable, et je constatai avec plaisir que sa longue rupture en biseau promettait une réparation facile. A mon père, qui faisait la grimace sous la pressante effigie de Napoléon III,* je courus porter cette consolation.

Nous rejoignîmes l'équipage, arrêté dans un bosquet en haut de la côte, pour laisser souffler le mulet martyrisé. Il soufflait en effet à grand bruit, élargissant ses côtes maigres qui avaient l'air de cerceaux dans un sac, et des fils de bave transparente pendaient de sa longue babine de caoutchouc.

Alors mon père nous montra — de la main gauche, car il frottait toujours son crâne endolori — une petite maison, sur le coteau d'en face, à demi cachée par un grand figuier.

— Voilà, dit-il. Voilà la Bastide* Neuve. Voilà l'asile des vacances: le jardin qui est à gauche est aussi à nous!

Ce jardin, entouré d'un grillage rouillé, **avait** au moins cent mètres de large.

Je ne pus y distinguer rien d'autre qu'une petite forêt d'oliviers et d'amandiers, qui mariaient leurs branches folles* au-dessus de broussailles enchevêtrées: mais cette forêt vierge en miniature, je l'avais vue dans tous mes rêves, et, suivi de Paul, je m'élançai en criant de bonheur.

Entre le grand figuier de la terrasse et la maison, un petit camion était arrêté, et ses deux chevaux croquaient de l'avoine dans des sacs pendus à leurs joues.

L'oncle Jules, en bras de chemise, les manches retroussées, finissait le déchargement de ses meubles, c'est-à-dire qu'il les faisait basculer du bord de la voiture sur le vaste dos d'un déménageur.

Ma tante Rose, installée sur la terrasse dans un fauteuil d'osier, donnait son biberon au cousin Pierre, qui traduisait son enthousiasme en remuant ses doigts de pied.

L'oncle Jules était assez rouge, et beaucoup plus gai que jamais: il parlait d'une voix forte, et roulait les Rr comme une crécelle. Sur une table ronde en fer, il y avait deux bouteilles vides, et une troisième encore à demi pleine de vin rouge.

— Ah! vous voilà, Joseph! s'écria-t-il avec une joie surprenante. Vous voilà enfin! Je commençais à me demander si vous n'aviez pas fait naufrage en rroute!

Mon père le regarda assez froidement:

— En tout cas, dit-il, vous aviez de quoi nous attendre!* et il montra du doigt les trois bouteilles.

— Mon cher ami, dit l'oncle, vous saurez* que le vin est un aliment indispensable aux travailleurs de force,* et surtout aux déménageurs. Je veux dire le vin *naturel*, et celui-ci vient de chez moi! D'ailleurs, vous-même, quand vous aurez fini de décharger vos meubles, vous serez bien aise d'en siffler un gobelet!

— Mon cher Jules, dit mon père, j'en boirai peut-être deux doigts,* pour faire honneur à votre production. Mais je n'en « sifflerai pas un gobelet », comme vous dites si bien. Un gobelet de ce vin-là contient probablement douze décilitres d'alcool pur, et je ne suis pas assez habitué à ce poison pour en supporter une dose dont l'injection sous-cutanée suffirait à tuer trois chiens de bonne taille. Voyez d'ailleurs dans quel état l'Alcool a mis cet homme!

Il montra le déménageur, qui suçotait sa tombante moustache, et

s'approchait en titubant de la voiture, les yeux rougis et l'haleine courte. Il prit une table de nuit sous un bras, deux chaises sous l'autre, et tenta de franchir la porte d'un grand élan. Mais il resta coincé entre deux craquements, et la pression de la table de nuit fit jaillir de sa vaste bedaine une éructation tonitruante.

Ma mère se détourna pour rire, et ma tante Rose pouffa. Paul était au comble de la joie, mais pour moi, je ne riais pas: je m'attendais à le voir tomber entre les débris de ces meubles, dans les spasmes de l'agonie.

Au lieu de porter secours à ce malheureux (dont j'imaginais le foie), l'oncle Jules se fâcha tout rouge, en disant:

— A-t-on idée...* Mais saperlipopette, a-t-on idée!... Vous voyez bien que cette porrte est trrop étrroite pour que...

— Je ne vous le fais pas dire,* hoqueta le déménageur, mais ce n'est pas moi qui l'ai faite.

— Monsieur a raison, dit mon père. Il n'a pas fait cette porte, et il ne s'est pas fait lui-même... Puisque l'un ne va pas avec l'autre, il n'y a pas de raison de s'obstiner. D'ailleurs, vos meubles sont déchargés, et je n'ai pas besoin de lui pour les miens. De plus, il est certainement fatigué, et comme sa journée est finie, il vaut mieux qu'il retourne en ville.

— Voilà un homme qui parle bien, déclara le déménageur. Il est déjà plus de cinq heures, et je suis père de famille, avec une hernie par-dessus le marché. Ça vous étonne peut-être, mais si vous voulez, je vous la fais voir.

— Vous êtes, dit l'oncle Jules, un ivrogne et un imbécile.

Le hernieux devint menaçant:

— Je ne sais pas ce qui me retient de vous casser la figure.*

Ma tante et ma mère s'étaient levées, effrayées; mon père s'interposa, mais l'ivrogne le repoussait, en répétant:

— Je ne sais pas ce qui me retient!

Paul, tout pâle, se cacha derrière le tronc du figuier. Je cherchai des yeux une pierre pointue, lorsqu'une voix s'éleva:

— Tourne un peu l'œil de ce côté, et tu vas voir ce qui te retient!

C'était François, qui s'avançait, très calme, mais tenant dans son

poing la « taravelle », c'est-à-dire le rondin de bois dur qui est l'unique rayon du treuil de la charrette.

Le déménageur se tourna vers lui, furieux et s'écria :

— De quoi? de quoi?*

— De bois, de bois! répondit François.

— Celle-là est forte!* dit le déménageur.

— Très forte, dit François qui soupesait la taravelle en connaisseur

Puis il se tourna vers l'oncle Jules :

— Vous l'avez payé?

— Pas encore, dit l'oncle Jules. Je lui dois sept francs cinquante.

— Payez-le, dit François.

L'oncle Jules tendit à l'ivrogne trois pièces d'argent.

— Et le pourboire? dit le déménageur.

— Vous avez assez bu comme ça,* dit mon père. Et croyez-moi, ça ne vous vaut rien.*

— Vous êtes une bande de salauds, dit le déménageur.

— Allez zou!* dit François, monte sur ton siège. Je t'aiderai à tourner.

Il le regardait d'un tel air que l'ivrogne se radoucit soudain :

— Toi, dit-il, tu es un ami, tu comprends la vie. Tandis que ces bourgeois,* oh là là! Je me suis peut-être crevé le gésier avec cette saloperie de table de nuit, et ça* me refuse un pourboire! Mais ça ne finira pas comme ça, et ça va leur coûter plus cher que les contributions!

Il rassembla péniblement* les rênes, pendant que François faisait tourner les deux chevaux, qu'il tenait solidement par leurs brides. Quand ils furent correctement rangés sur le chemin, et dans la bonne direction, il alla prendre son fouet sur sa charrette, et pendant que le déménageur nous montrait le poing, en proférant d'obscures menaces, François, poussant des cris sauvages, fouetta les bêtes à tour de bras : dans un nuage de poussière, de craquements et de malédictions, le camion s'envola dans le passé.

Alors commencèrent les plus beaux jours de ma vie. La maison s'appelait La Bastide Neuve, mais elle était neuve depuis bien longtemps. C'était une ancienne ferme en ruines, restaurée trente ans plus tôt par un monsieur de la ville, qui vendait des toiles de tente, des serpillières et des balais. Mon père et mon oncle lui payaient un loyer de 80 francs par an (c'est-à-dire quatre louis d'or), que leurs femmes trouvaient un peu exagéré. Mais la maison avait l'air d'une villa — et il y avait « l'eau à la pile »*: c'est-à-dire que l'audacieux* marchand de balais avait fait construire une grande citerne, accolée au dos du bâtiment, aussi large et presque aussi haute que lui: il suffisait d'ouvrir un robinet de cuivre, placé au-dessus de l'évier, pour voir couler une eau limpide et fraîche...

C'était un luxe extraordinaire, et je ne compris que plus tard le miracle de ce robinet: depuis la fontaine du village jusqu'aux lointains sommets de l'Etoile,* c'était le pays de la soif: sur vingt kilomètres, on ne rencontrait qu'une douzaine de puits (dont la plupart étaient à sec à partir du mois de mai) et trois ou quatre « sources »; c'est-à-dire qu'au fond d'une petite grotte, une fente du roc pleurait en silence dans une barbe de mousse.

C'est pourquoi quand une paysanne venait nous apporter des œufs ou des pois chiches, et qu'elle entrait dans la cuisine, elle regardait, en hochant la tête, l'étincelant Robinet du Progrès.

Il y avait aussi, au rez-de-chaussée, une immense salle à manger (qui avait bien cinq mètres sur quatre) et que décorait grandement une petite cheminée en marbre véritable.

Un escalier, qui faisait un coude, menait aux quatre chambres du premier étage. Par un raffinement moderne les fenêtres de ces chambres étaient munies, entre les vitres et les volets, de cadres qui pouvaient s'ouvrir et sur lesquels était tendue une fine toile métallique, pour arrêter les insectes de la nuit.

L'éclairage était assuré par des lampes à pétrole,* et quelques

bougies de secours.* Mais comme nous prenions tous nos repas sur la terrasse, sous le figuier, il y avait surtout la lampe Tempête.*

Prodigieuse lampe Tempête! Mon père la sortit un soir d'une grande boîte en carton, la garnit de pétrole, et alluma la mèche: il en jaillit une flamme plate, en forme d'amande, qu'il coiffa d'un « verre de lampe » ordinaire. Puis, il enferma le tout dans un globe ovoïde, que protégeait un grillage nickelé, surmonté d'un couvercle de métal: ce couvercle était un piège à vent. Il était percé de trous qui accueillaient la brise nocturne, l'enroulaient sur elle-même, et la poussaient, inerte, vers la flamme impassible qui la dévorait... Lorsque je la vis, suspendue à une branche du figuier, brûler, brillante, avec la sérénité d'une lampe d'autel, j'en oubliai ma soupe au fromage, et je décidai de consacrer ma vie à la science... Cette amande scintillante éclaire encore mon enfance, et j'ai été moins étonné, dix ans plus tard, lorsque je visitai le phare de Planier.*

D'ailleurs, tout comme Planier, séducteur de cailles et de vanneaux, elle attirait tous les insectes de la nuit. Dès qu'on la suspendait à sa branche, elle était entourée d'un vol de papillons charnus, dont les ombres dansaient sur la nappe: brûlés d'un impossible amour, ils tombaient tout cuits dans nos assiettes.

Il y avait aussi d'énormes guêpes, dites « cabridans », que nous assommions à coups de serviette, en renversant quelquefois la carafe, toujours les verres; des capricornes* et des lucanes,* qui arrivaient de la nuit comme lancés par une fronde, et qui faisaient tinter la lampe avant de plonger dans la soupière. Les lucanes, noirs et polis, portaient devant eux une gigantesque pince plate, aux deux branches bordées d'une nervure en relief: cet outil prodigieux, faute d'articulation, ne pouvait leur servir à rien, mais il était tout à fait commode pour y attacher un harnachement de ficelle, grâce auquel le lucane maîtrisé traînait sans effort, sur la toile cirée, le poids énorme du fer à repasser.

Le « jardin » n'était rien d'autre qu'un très vieux verger abandonné, et clôturé par un grillage de poulailler, dont la rouille du temps avait rongé la meilleure part. Mais l'appellation* de « jardin » confirmait celle de « villa ».

De plus, mon oncle avait décoré du titre de « bonne » une paysanne à l'air égaré, qui venait l'après-midi laver la vaisselle et parfois faire la lessive, ce qui lui donnait l'occasion de se laver les mains ; nous étions ainsi triplement rattachés à la classe supérieure, celle des bourgeois distingués.

Devant le jardin, des champs de blé ou de seigle assez pauvrement cultivés, et bordés d'oliviers millénaires.

Derrière la maison, les pinèdes formaient des îlots sombres dans l'immense garrigue, qui s'étendait, par monts, par vaux et par plateaux, jusqu'à la chaîne de Sainte-Victoire. La Bastide Neuve était la dernière bâtisse, au seuil du désert, et l'on pouvait marcher pendant 40 kilomètres sans rencontrer que* les ruines basses de trois ou quatre fermes du moyen âge, et quelques bergeries abandonnées.

Nous allions dormir de bonne heure, épuisés par les jeux de la journée, et il fallait emporter le petit Paul, mou comme une poupée de chiffons : je le rattrapais de justesse au moment où il tombait de sa chaise, en serrant dans sa main crispée une pomme à demi rongée, ou la moitié d'une banane.

En me couchant, à demi conscient, je décidais chaque soir de me réveiller à l'aurore, afin de ne pas perdre une minute du miraculeux lendemain. Mais je n'ouvrais les yeux que vers sept heures, aussi furieux et grommelant que si j'avais manqué le train.

Alors, j'appelais Paul, qui commençait par grogner lamentablement, en se retournant vers le mur ; mais il ne résistait pas à l'ouverture de la fenêtre, soudain resplendissante au claquement des volets de bois plein,* tandis que le chant des cigales et les parfums de la garrigue emplissaient d'un seul coup la chambre élargie.

Nous descendions tout nus, et nos vêtements à la main.

Mon père avait adapté un long tuyau en caoutchouc au robinet de la cuisine. Il en sortait par la fenêtre, et venait aboutir à un bec de lance* en cuivre, sur la terrasse.

J'arrosais Paul, puis il m'inondait. Cette façon de faire* était une invention géniale de mon père, car l'abominable « toilette » était devenue un jeu ; elle durait jusqu'à ce que ma mère nous criât

par la fenêtre: « Assez! Quand la citerne sera vide, nous serons obligés de partir! »

Après cette effroyable menace, elle fermait irréparablement le robinet.

Nous avalions très vite les tartines avec le café au lait, et alors commençait la grande aventure.

Il était défendu de sortir du jardin, mais on ne nous surveillait pas. Ma mère croyait que la clôture était infranchissable: ma tante était l'esclave du cousin Pierre. Mon père allait souvent au village pour « les commissions » ou dans la colline pour herboriser: quant à l'oncle Jules, il passait en ville trois jours par semaine, car il n'avait que vingt jours de vacances, et il les avait répartis sur deux mois.

C'est ainsi que livrés le plus souvent à nous-mêmes, il nous arrivait de monter jusqu'aux premières pinèdes. Mais ces explorations, le couteau à la main, et l'oreille aux aguets, se terminaient souvent par une fuite éperdue vers la maison, à cause de la rencontre inopinée d'un serpent-boa,* d'un lion, ou d'un ours des cavernes.

Nos jeux furent d'abord la chasse aux cigales, qui suçaient en chantant la sève des amandiers. Les premières nous échappèrent, mais nous fûmes bientôt d'une adresse si efficace que nous revenions à la maison entourés d'un halo de musique, car nous en rapportions des douzaines qui continuaient à grésiller dans nos poches tressautantes.* Il y eut la capture des papillons, des sphinx à deux queues et aux grandes ailes blanches bordées de bleu, qui laissaient sur mes doigts une poudre d'argent.

Pendant plusieurs jours, nous jetâmes des chrétiens aux lions: c'est-à-dire que nous lancions des poignées de petites sauterelles dans la toile endiamantée des grandes araignées de velours noir, striées de raies jaunes: elles les habillaient* de soie en quelques secondes, perçaient délicatement un trou dans la tête de la victime, et la suçaient longuement, avec un plaisir de gourmet. Ces jeux enfantins étaient entrecoupés par des orgies de gomme d'amandier, une gomme rousse comme du miel: friandise sucrée, et merveilleusement gluante, mais fortement déconseillée par l'oncle Jules,

qui prétendait que cette gomme « finirait par nous coller* les boyaux ».

Mon père, soucieux de l'avancement de nos études, nous conseilla de renoncer aux jeux inutiles: il nous recommanda l'observation minutieuse des mœurs des insectes, et de commencer par celles des fourmis car il voyait en elles le modèle du bon citoyen.

C'est pourquoi le lendemain matin, nous arrachâmes longuement les herbes et la baouco autour de l'entrée principale d'une belle fourmilière. Quand la place fut bien nette, dans un rayon d'au moins deux mètres, je réussis à me glisser dans la cuisine, pendant que ma mère et ma tante cueillaient des amandes derrière la maison; là, je volai un grand verre de pétrole, et quelques allumettes.

Les fourmis, qui ne se doutaient de rien, allaient et venaient en double colonne, comme les dockers sur la passerelle d'un navire.

Je m'assurai d'abord que personne ne pouvait nous voir, puis je versai longuement le pétrole dans l'orifice principal. Un grand désordre agita la tête de la colonne, et des dizaines de fourmis remontèrent du fond: elles couraient çà et là, éperdues, et celles qui avaient une grosse tête ouvraient et refermaient leurs fortes mandibules, en cherchant l'invisible ennemi. J'enfonçai alors dans le trou une mèche de papier: Paul réclama la gloire d'y mettre le feu, ce qu'il fit très correctement. Une flamme rouge et fumeuse s'éleva, et nos études commencèrent.

Par malheur, les fourmis se révélèrent trop aisément combustibles. Instantanément foudroyées par la chaleur, elles disparaissaient dans une étincelle. Ce petit feu d'artifice fut assez plaisant, mais bien court. De plus, après la sublimation des externes, nous attendîmes en vain la sortie des puissantes légions souterraines, et l'explosion bruyante de la reine, sur laquelle j'avais compté: mais rien ne parut, et il ne resta sous nos yeux qu'un petit entonnoir noirci par le feu, triste et solitaire comme le cratère d'un volcan éteint.

Cependant, nous fûmes assez vite consolés de cet insuccès par la capture de trois grands « pregadious », c'est-à-dire de trois mantes religieuses, qui se promenaient, toutes vertes, sur les branches

vertes d'une verveine: beaux sujets pour l'observation scientifique.

Papa nous avait dit (avec une certaine joie laïque) que la mante dite « religieuse » était un animal féroce et sans pitié; qu'on pouvait la considérer comme le « tigre des insectes », et que l'étude de ses mœurs était des plus intéressantes.

Je décidai donc de les étudier, c'est-à-dire que, pour déclencher une bataille entre les deux plus grosses, je les présentai de fort près l'une à l'autre, les griffes en avant.

Nous pûmes alors continuer nos études par la constatation du fait que ces bestioles pouvaient vivre sans griffes, puis sans pattes, et même sans une moitié de la tête… Au bout d'un quart d'heure de ce divertissement si gracieusement enfantin, l'un des champions n'était plus qu'un buste qui, ayant dévoré la tête et le thorax de l'adversaire, s'attaquait, sans se presser, à la seconde moitié, qui remuait toujours, un peu nerveusement. Paul, qui avait le cœur bon, alla voler le petit tube de seccotine (colle même le fer)* et prétendit recoller ensemble ces deux moitiés pour en refaire un entier, à qui nous pourrions rendre solennellement la liberté. Il ne put mener à bien cette opération généreuse, car le buste réussit à s'enfuir.

Mais il nous restait, dans un bocal, le troisième tigre. Je décidai de le confronter avec des fourmis, et cette heureuse idée nous permit de jouir d'un spectacle charmant.

Renversant brusquement le bocal, j'appliquai son ouverture sur l'entrée principale d'une fourmilière en plein travail. Le tigre, étant plus long que le bocal n'était large, se tenait debout sur ses pattes de derrière, et profitait de sa tête à pivot pour regarder de tous côtés avec une curiosité de touriste. Cependant une mousse* de fourmis sortit du tunnel et monta à l'assaut de ses pattes, si bien qu'il perdit son calme, et se mit à danser, tout en lançant ses deux cisailles à droite et à gauche: il ramenait à chaque geste une grappe de fourmis qu'il portait à ses mandibules, d'où elles retombaient, coupées en deux.

Comme l'épaisseur du verre déformait la beauté du spectacle, et que la position incommode du tigre gênait ses mouvements, je crus de mon devoir d'enlever* le bocal. Le « pregadiou » retomba dans

sa position naturelle, ses pinces repliées et ses six pattes sur le sol. Mais au bout de chacune d'elles, il y avait quatre fourmis qui s'accrochaient implacablement par leurs mandibules tétanisées, tandis qu'elles s'agrippaient au gravier : ainsi maîtrisé par ces lilliputiennes, le tigre ne pouvait pas plus bouger que Gulliver.*

Cependant, de ses pinces restées libres, il attaquait tour à tour chacun de ces ancrages,* et en ravageait le personnel. Mais avant même que les bestioles tronçonnées fussent retombées de ses mandibules, d'autres avaient pris leur place, et c'était à recommencer.

Je me demandais comment pourrait évoluer cette situation, qui paraissait stabilisée — je veux dire fixée dans un cycle immuable — lorsque je remarquai que les réflexes des pattes ravisseuses* n'étaient plus ni aussi rapides, ni aussi fréquents. J'en conclus que le « pregadiou » commençait à perdre courage à cause de l'inefficacité de sa tactique et qu'il allait sans doute en changer. En effet, au bout de quelques minutes, ses attaques latérales cessèrent complètement.

Les fourmis abandonnèrent aussitôt sa nuque, son buste, son dos, et il resta debout, immobile, les pinces en prière et le torse presque droit sur les six grandes pattes qui frémissaient à peine.

Paul me dit : « Il réfléchit. »

Ces réflexions me parurent un peu longues, et la disparition des fourmis m'intriguait : je me couchai donc à plat ventre, et je découvris la tragédie.

Sous la queue à trois pointes du tigre pensif, les fourmis avaient agrandi l'orifice naturel : une file y entrait, une autre en sortait, comme à la porte d'un grand magasin, à la veille de la Noël. Chacune emportait son butin, et les diligentes ménagères déménageaient l'intérieur du « pregadiou ».

Le malheureux tigre, toujours immobile, et comme attentif, par une sorte d'introspection, à ce qui passait en lui-même, n'avait pas les moyens, faute de jeux de physionomie ou d'expression vocale, d'extérioriser* sa torture ou son désespoir, et son agonie ne fut pas spectaculaire. Nous ne comprîmes qu'il était mort qu'au moment où les fourmis des ancrages lâchèrent le bout de ses pattes et commencèrent à dépecer la mince enveloppe qui l'avait contenu. Elles

scièrent le cou, coupèrent le buste en tranches régulières, épluchè-
rent les pattes et désarticulèrent élégamment les terribles pinces,
comme fait un cuisinier pour un homard.* Le tout fut entraîné
sous terre, et rangé, au fond de quelque magasin, dans un ordre
nouveau.

Il ne resta plus sur le gravier que les belles élytres vertes, qui
avaient volé glorieusement au-dessus des jungles de l'herbe, et qui
terrorisaient la proie ou l'ennemi. Méprisées par les ménagères,
elles avouaient tristement qu'elles n'étaient pas comestibles.

C'est ainsi que se terminèrent nos « études » sur les mœurs de la
mante religieuse, et sur la « diligence » des « laborieuses » fourmis.

— Pauvre bête! me dit Paul. Il* a dû avoir une belle colique.

— C'est bien fait pour lui,* dis-je. Il mange les sauterelles
toutes vivantes, et même les cigales, et même les papillons. Papa te
l'a dit: c'est un tigre. Et moi, la colique des tigres, je m'en fous.*

Les études entomologiques commençaient à nous lasser, lorsque nous découvrîmes notre véritable vocation.

Après le déjeuner, lorsque le soleil africain tombe en pluie de feu sur l'herbe mourante, on nous forçait à nous « reposer » une heure, à l'ombre du figuier, sur ces fauteuils pliants nommés « transatlantiques » qu'il est difficile d'ouvrir correctement, qui pincent cruellement les doigts, et qui s'effondrent parfois sous le dormeur stupéfait.

Ce repos nous était une torture, et mon père, grand pédagogue, c'est-à-dire doreur de pilules,* nous le fit accepter en nous apportant quelques volumes de Fenimore Cooper* et de Gustave Aymard.*

Le petit Paul, les yeux tout grands, la bouche entrouverte, m'écouta lire à haute voix le *Dernier des Mohicans*. Ce fut pour nous la révélation, confirmée par le *Chercheur de Pistes*: nous étions des Indiens, des fils de la Forêt, chasseurs de bisons, tueurs de grizzlys,* étrangleurs de serpents boas, et scalpeurs de Visages Pâles.

Ma mère accepta de coudre — sans savoir pourquoi — un vieux tapis de table à une couverture trouée, et nous dressâmes notre wigwam dans le coin le plus sauvage du jardin.

J'avais un arc véritable, venu tout droit du Nouveau Monde en passant par la boutique du brocanteur. Je fabriquai des flèches avec des roseaux, et, caché dans les broussailles, je les tirais férocement contre la porte des cabinets, constitués par une sorte de guérite au bout de l'allée. Puis, je volai le couteau « pointu » dans le tiroir de la cuisine: je le tenais par la lame, entre le pouce et l'index (à la façon des Indiens Comanches)* et je le lançais de toutes mes forces contre le tronc d'un pin, tandis que Paul émettait un sifflement aigu, qui en faisait une arme redoutable.

Cependant nous comprîmes bientôt que la guerre étant le seul jeu vraiment intéressant, nous ne pouvions pas appartenir à la même tribu.

Je restai donc Comanche, mais il devint Pawnie,* ce qui me permit
de le scalper plusieurs fois par jour. En échange, vers le soir, il me
tuait, avec un tomahawk de carton.

Des coiffures de plumes composées par ma mère et ma tante, et
des peintures de guerre faites avec de la colle, de la confiture et de la
poudre de craies de couleur, achevèrent de donner* à cette vie
indienne une réalité obsédante.

Parfois, les deux tribus ennemies enterraient la hache de guerre,
et s'unissaient pour la lutte contre les Visages Pâles, les farouches
yankees venus du Nord. Nous suivions des pistes imaginaires,
marchant courbés dans les hautes herbes, attentifs aux brisées, aux
empreintes invisibles, et j'examinais d'un air farouche un fil de
laine accroché à l'aigrette d'or d'un fenouil. Quand la piste se
dédoublait, nous nous séparions en silence... De temps à autre,
pour maintenir la liaison, je lançais le cri de l'oiseau-moqueur, —
« si parfaitement imité que sa femelle s'y fût trompée » — et Paul
me répondait par « l'aboiement rauque du coyote », parfaitement
imité, lui aussi: mais imité — faute de coyote — de celui du chien
de la boulangère, un roquet galeux qui attaquait parfois nos fonds de
culotte.*

D'autres fois, nous étions poursuivis par une coalition de trap-
peurs, que commandait la « Longue Carabine ».* Alors pour
donner le change à l'ennemi, nous marchions longuement à reculons,
afin d'inverser nos empreintes.

Puis, au milieu d'une clairière, j'arrêtais Paul d'un geste, et, dans
un grand silence, je collais mon oreille au sol...

J'écoutais, avec une inquiétude sincère, l'approche de nos pour-
suivants, car au fond des lointaines savanes, j'entendais le galop de
mon cœur.

Lorsque nous revenions à la maison, le jeu continuait.

Le couvert était mis sous le figuier. Dans une chaise-longue,
mon père lisait la moitié d'un journal, car l'oncle Jules lisait l'autre.

Nous nous présentions, graves et dignes, comme il convient à des
chefs, et je disais: « Ugh! »

Mon père répondait:

— Ugh!

— Les grands chefs blancs veulent-ils recevoir leurs frères rouges sous leur wigwam de pierre?

— Nos frères rouges sont les bienvenus, disait mon père. Leur route a dû être longue, car leurs pieds sont poudreux.

— Nous venons de la rivière Perdue, et nous avons marché trois lunes!

— Tous les enfants du Grand Manitou* sont des frères: que les chefs partagent notre pemmican!* Nous leur demanderons seulement de respecter les coutumes sacrées des Blancs: qu'ils aillent d'abord se laver les mains!

Le soir, à table, sous la lampe Tempête nimbée de moucherons, balançant doucement mes jambes alourdies, en face de ma mère toute belle, j'écoutais la conversation de ces vieux mâles.

Ils discutaient assez souvent de politique. Mon oncle faisait des comparaisons désobligeantes entre M. Fallières* et le roi Louis XIV.* Mon père ripostait en décrivant un cardinal *en forme de point d'interrogation, parce que le roi l'avait enfermé dans une cage de fer; puis, il parlait d'un certain « Lagabèle* », qui ruinait le peuple.

D'autres fois, l'oncle attaquait des gens qui s'appelaient « les radicots* ». Il y avait un M. Comble,* qui était un radicot, et sur lequel il était difficile de se faire une opinion: mon père disait que ce radicot était un grand honnête homme, tandis que l'oncle le nommait « la fine fleur de la canaille* » et offrait de signer cette déclaration sur papier timbré.* Il ajoutait que ce Comble était le chef d'une bande de malfaiteurs, qui s'appelaient « les framassons ».*

Mon père parlait aussitôt d'une autre bande, qui s'appelait « les jézuites* »; c'étaient d'horribles « tartruffes »,* qui creusaient des « galeries »* sous les pieds de tout le monde. Alors, l'oncle Jules s'enflammait, et le sommait de lui rendre tout de suite « le milliard des congrégations ».* Mais mon père, qui pourtant ne tenait pas à* l'argent, répondait avec force: « Jamais! Jamais on ne vous rendra tant de richesses, arrachées sur des lits de mort à des agonisants terrorisés! »

Alors, ma mère et ma tante posaient aussitôt des questions urgentes sur le phylloxéra dans le Roussillon, ou sur la nomination imméritée d'un instituteur dans une école supérieure, et la conversation changeait brusquement de ton.

D'ailleurs, ce qu'ils disaient ne m'intéressait pas.

Ce que j'écoutais, ce que je guettais, c'était les mots: car j'avais la passion des mots; en secret, sur un petit carnet, j'en faisais une collection, comme d'autres font pour les timbres.*

J'adorais *grenade, fumée, bourru, vermoulu* et surtout *manivelle*: et je me les répétais souvent, quand j'étais seul, pour le plaisir de les entendre.

Or, dans les discours de l'oncle, il y en avait de tout nouveaux, et qui étaient délicieux: *damasquiné, florilège, filigrane*, ou grandioses: *archiépiscopal, plénipotentiaire.*

Lorsque sur le fleuve de son discours je voyais passer l'un de ces vaisseaux à trois ponts, je levais la main et je demandais des explications, qu'il ne me refusait jamais. C'est là que j'ai compris pour la première fois que les mots qui ont un son noble contiennent toujours de belles images.

Mon père et mon oncle encourageaient cette manie, qui leur paraissait de bon augure: si bien qu'un jour, et sans que ce mot se trouvât dans une conversation (il en eût été le premier surpris), ils me donnèrent *anticonstitutionnellement* en me révélant que c'était le mot le plus long de la langue française. Il fallut me l'écrire sur la note de l'épicier que j'avais gardée dans ma poche.

Je le recopiai à grand-peine sur une page de mon carnet, et je le lisais chaque soir dans mon lit; ce n'est qu'au bout de plusieurs jours que je pus maîtriser ce monstre, et je me promis de l'exploiter, si par hasard, un jour, vers la fin des temps, j'étais forcé de retourner à l'école.

Vers le 10 août, les vacances furent interrompues, pendant toute une après-midi, par un orage, qui engendra, comme c'était à craindre, une dictée.

L'oncle Jules, dans un fauteuil près de la porte vitrée, lisait un journal. Paul, accroupi dans un coin sombre, jouait tout seul aux dominos, c'est-à-dire qu'il les plaçait bout à bout, au hasard, après des réflexions et des soliloques. Ma mère cousait près de la fenêtre. Mon père, assis devant la table, tout en aiguisant un canif sur une pierre noire,* lisait à haute voix, en répétant deux ou trois fois chaque phrase, une histoire incompréhensible.

C'était une homélie de Lamennais,* qui racontait l'aventure d'une grappe de raisin.

Le Père de Famille la cueillait dans sa vigne, mais il ne la mangeait pas: il la rapportait à la Maison, pour l'offrir à la Mère de Famille. Celle-ci, très émue, la donnait en cachette à son Fils, qui, sans rien en dire à personne, la portait à sa Sœur. Mais celle-ci n'y touchait pas non plus. Elle attendait le retour du Père, qui, en retrouvant la Grappe dans son assiette, serrait toute la Famille dans ses bras, en levant les yeux au Ciel.

Le périple* de cette grappe s'arrêtait là, et je me demandais qui l'avait mangée, lorsque l'oncle Jules replia son journal, et me dit sur un ton grave:

— Voilà une page que tu devrais apprendre par cœur.

Je fus indigné par cette proposition agressive d'un travail supplémentaire, et je demandai:

— Pourquoi?

— Voyons, dit l'oncle, tu n'as donc pas été touché par le sentiment qui anime ces humbles paysans?

A travers la vitre, je regardais tomber la pluie, qui vernissait en noir les branches du figuier, et je mordillais mon porte-plume.

Il insista:

— Pourquoi cette grappe a-t-elle fait le tour complet de la famille?

Il me regardait, de ses yeux pleins de bonté. Je voulus lui faire

plaisir, et je concentrai toute mon attention sur ce problème: dans un éclair, je vis la vérité, et je m'écriai: *sprayed with copper sulphate*

— C'est parce qu'elle était sulfatée!

L'oncle Jules me regarda fixement, serra les dents, et devint tout rouge. Il voulut parler; l'indignation lui coupa le souffle. Il essaya successivement trois ou quatre syllabes gutturales, mais il était hors d'état de leur donner une suite qui eût précisé leur sens. Alors, il leva les bras au ciel, puis son derrière de sa chaise, et dit enfin, avec une grande violence:

— Voilà! Voilà! Voilà!...

Ces trois exclamations débouchèrent le passage, et il put enfin s'écrier:

— Voilà le résultat d'une école Sans Dieu! Les effets grandioses de l'Amour, il les attribue à la crainte du Sulfate de Cuivre! Cet enfant, qui n'est pas un monstre, vient donc de faire spontanément une réponse monstrueuse. Mesurez, mon cher Joseph, la grandeur de vos effrayantes responsabilités!

— Voyons, Jules, dit ma mère, vous pensez bien* qu'il a dit ça pour rire!

— Pour *rire*? s'écria l'oncle. Ce serait encore pire!... Je préfère croire qu'il n'a pas bien compris ma question.

Il se tourna vers moi.

— Ecoute-moi bien. Si tu trouvais une très belle grappe de raisin, une grappe admirable, unique, est-ce que tu ne la porterais pas à ta mère?

— Oh oui! dis-je, sincèrement.

— Bravo! dit l'oncle. Voilà une parole qui vient du cœur!...

Et il se tourna vers mon père, pour ajouter:

— Je suis heureux de constater que malgré le matérialisme atroce que vous lui enseignez, il a trouvé dans son cœur la Loi de Dieu, et il garderait la grappe pour sa mère!

Je vis qu'il triomphait, et je vins au secours de mon père, car j'ajoutai:

— Mais j'en mangerais la moitié en route.

L'oncle, mécontent, allait reprendre la parole, lorsque mon père s'écria avec force:

— Et il a raison! Car enfin si ces gens-là avaient de si beaux sentiments, ils devaient aussi se repasser le cœur de la salade, le blanc de la poularde, et le foie du lapin! Et comme une vertu parfaite est forcément inaltérable, cette ronde des bons morceaux a dû se poursuivre toute leur vie, pendant que ces malheureux — qui avaient tout de même besoin de se nourrir — se disputaient la tête du canard, l'os de la côtelette et le trognon du chou! Je viens de comprendre, grâce à lui, que cette histoire est d'une stupidité verticale.* La vérité, c'est que votre Lamennais était un cagot, et que pour édifier les fidèles, il est tombé, comme tous les curés, dans un absurde prêchi-prêcha.*

A cette attaque frontale, l'oncle, la moustache brusquement hérissée, allait répondre avec vigueur, lorsque ma tante Rose, qui du fond de la cuisine où elle surveillait un civet de lapin, avait senti venir la bagarre, parut sur la porte. Elle brandissait le panier à salade, tandis que sa main gauche tenait par la pointe un capuchon noir de toile cirée, et elle cria gaîment:

— Jules! Il ne pleut presque plus! Vite, aux escargots!

Sans lui laisser une seconde, elle lui mit dans les mains le panier de grillage, et lui enfonça le capuchon jusqu'aux narines, comme un éteignoir de la conversation. Il lui était difficile, en cet équipage, d'entamer une diatribe. Il essaya pourtant de rouler quelques r, et nous entendîmes:

— Vrraiment trrop trriste et trrop affrreux... Ce pauvrre enfant...

Mais ma tante qui l'avait fait pivoter en riant, le poussa dehors sous une pluie battante, puis elle referma la porte, et lui envoya, à travers la vitre, un baiser, dont la tendresse n'était pas feinte. Enfin, elle se retourna vers nous, soudain fâchée, et dit:

— Joseph, vous n'auriez pas dû commencer.

L'oncle Jules, qui aimait la pluie, ne revint qu'au bout d'une heure, trempé mais joyeux.

Une belle barbe de bave pendait sous le panier à salade, l'oncle avait des épaulettes d'escargots, et le chef de la tribu — qui était énorme — orientait en vain ses cornes à la pointe du capuchon noir.

Mon père jouait de la flûte, ma mère l'écoutait en ourlant des

serviettes, la petite sœur dormait sur ses avant-bras, et je faisais une partie de dominos avec Paul. L'oncle fut accablé de félicitations, et il ne fut plus question de Lamennais.

Mais le soir, à dîner, il prit une cruelle revanche.

Ma mère venait de poser sur la table le civet de lapin, nimbé du parfum des aromates. D'ordinaire, à cause de mes grands efforts scolaires, le foie m'était réservé, et dans la sauce veloutée, je le cherchais déjà des yeux.

L'oncle Jules le vit avant moi, et le piqua au bout de sa fourchette. Il le dressa dans la lumière de la lampe, l'examina, le flaira, et dit:

— Ce foie est admirablement cuit. Il est sain, il paraît tendre et onctueux. C'est certainement un morceau de choix.* Je me ferais donc un devoir de l'offrir à quelqu'un, s'il n'y avait à cette table certaine personne qui le croirait empoisonné!

Sur quoi, il éclata d'un rire sarcastique, et sous mes yeux, il le dévora.

Vers le 15 août, il nous fut révélé que de grands événements se préparaient.

Une après-midi, tandis que je plantais le poteau de torture sur un petit tertre gazonné, Paul vint en courant m'annoncer une étrange nouvelle:

— L'oncle Jules est en train de faire la cuisine!

Je fus si étonné que j'abandonnai aussitôt mon entreprise pour aller éclaircir le mystère de l'oncle Jules-cuisinier.

Il était devant le fourneau, et surveillait une grésillante poêle à frire: elle contenait d'épaisses pastilles blondes, qui mijotaient en sifflotant dans de la graisse bouillante. Une odeur écœurante emplissait la cuisine, et je décidai aussitôt que je n'en mangerais pas.

— Oncle Jules, qu'est-ce que c'est?

— Tu le sauras ce soir, dit-il.

Et saisissant la queue de la poêle, il donna un petit coup sec, comme pour faire sauter* des marrons.

— On les mangera ce soir? demanda Paul.

— Non, dit l'oncle en riant. On ne les mangera pas. Ni ce soir, ni jamais.

— Alors, pourquoi les fais-tu cuire?

— Pour faire parler les petits garçons. Maintenant, allez jouer dehors, parce que si vous recevez des éclaboussures de graisse bouillante, vous aurez toute votre vie une figure de passoire. Allez, filez!

* * *

Une fois dehors, Paul me dit:

— La cuisine, il ne sait pas la faire.

— Moi, je crois que ce n'est pas de la cuisine. Je crois que c'est un secret. On va demander à papa.

Mais papa n'était pas là. Il était parti avec sa femme, faire une excursion.

Sans nous, ce qui me parut une trahison.

Il nous fallut attendre jusqu'au soir.

L'après-midi fut consacrée à la composition d'un admirable *Chant de mort d'un chef comanche* (paroles et musique) :

> Adieu, prairie,
> La flèche ennemie
> A désarmé mon bras vengeur,
> Mais sous la torture
> Mon cœur reste pur (e)
> Et étonne le voyageur.

> Lâche Pawnie,
> Tu t'ingénies :
> Entends mon rire sarcastique !
> De tes tortures,
> Je n'en ai cure,
> C'est des piqûres de moustique !

Il y avait sept ou huit couplets…

Je montai dans ma chambre, et je « répétai » longuement, dans le silence et la solitude.

Je m'occupai ensuite de la peinture de guerre de Paul, puis de la mienne. Enfin, couronné de plumes, les mains liées derrière mon dos, je m'avançai gravement jusqu'au poteau de torture, auquel Paul m'attacha solidement, en poussant quelques cris rauques, qui représentaient des injures pawnies. Puis il dansa cruellement autour de moi, pendant que j'entonnais le *Chant de mort*.

J'y mis une sincérité si grande, et je réussis si bien « le rire sarcastique », que mon bourreau s'éloigna prudemment, un peu inquiet.

Mais mon triomphe éclata dans le dernier couplet :

> Adieu, mes frères !
> Adieu, primevères !
> Adieu mon cheval et mes étriers !
> Consolez ma mère qui pleure
> Et dites-lui que tout à l'heure,
> Son fils est mort comme un guerrier !

Je fis un trémolo* si pathétique, que j'en fus bouleversé moi-même,

et mon visage se couvrit de larmes. Alors, je laissai retomber mon menton sur ma poitrine, je fermai les yeux, et je mourus.

J'entendis un sanglot déchirant, et je vis Paul, qui s'enfuyait en hurlant:

— Il est mort! Il est mort!

C'est mon père qui vint me délivrer, et je vis bien qu'il avait envie d'ajouter à mes tortures fictives une calotte véritable. Mais j'étais fier de mon succès de cabotin, et je me proposais d'en donner une représentation après le dîner, lorsqu'en traversant la salle à manger, pour aller me laver les mains à la cuisine, j'eus une admirable surprise.

Papa et l'oncle Jules avaient mis toutes les rallonges de la table, recouverte d'une toile de sac, et sur cette immensité étaient alignées toutes sortes de merveilles. Il y avait d'abord des rangées de cartouches vides, et chaque rang avait sa couleur: rouges, jaunes, bleues, vertes.

Puis, de petits sacs de toile écrue, pas plus grands que la main, et lourds comme des pierres. Chacun portait un grand numéro noir: 2, 4, 5, 7, 9, 10.

Il y avait ensuite une sorte de petite balance, à un seul plateau et, fixé au bord de la table par une pince à vis,* un étrange appareil de cuivre, muni d'une manivelle à bouton de bois. Enfin, au beau milieu, trônait le plat cuisiné par l'oncle Jules.

— Voilà, dit-il, ce que je faisais cuire ce matin: ce sont des bourres grasses.*

— C'est pour quoi faire? demanda Paul.

— C'est pour faire des cartouches! dit mon père.

— Tu vas aller à la chasse? demandai-je.

— Mais oui!

— Avec l'oncle Jules?

— Mais oui!

— Tu as un fusil?

— Mais oui!

— Et où est-il?

— Tu le verras tout à l'heure! Pour le moment, va te laver les mains, parce que la soupe est servie!

Pendant le dîner, sous le figuier, la conversation fut passionnante.

Mon père, enfant des villes, et prisonnier des écoles, n'avait jamais tué ni poil ni plume.* Mais l'oncle Jules avait chassé depuis son enfance, et il n'en faisait pas mystère.

Dès le potage, ils se mirent à parler de gibier.

— Que croyez-vous que nous allons trouver dans ces collines? demanda mon père.

— Je me suis renseigné au village, dit l'oncle.

— On vous a sûrement donné de faux renseignements, répliqua mon père, car ces paysans sont jaloux* du gibier!

Mon oncle fit un sourire malin.

— Bien sûr! dit-il. Mais je n'ai pas avoué que nous allions chasser! J'ai simplement demandé quelle sorte de gibier ils pourraient nous vendre!

— Ça, c'est de la malice!* dit mon père.

J'admirai cette ingéniosité, mais il me sembla qu'elle allait contre nos principes.

— Et que vous ont-ils proposé?

— D'abord, des petits oiseaux.

— Des tout-petits? demanda ma mère, choquée.

— Eh oui! dit l'oncle. Ces sauvages tuent tout ce qui vole.

— Pas les papillons? dit Paul.

— Non, les papillons, c'est réservé aux petits garçons. Mais ils tuent même les fauvettes!

— Ce sol est bien ingrat, dit mon père. Que peut-on récolter sans eau? Dans l'ensemble, ils sont vraiment très pauvres, et la chasse les aide à vivre. Ils vendent les gros oiseaux, et ils mangent les petits!

— Sans compter, dit l'oncle, qu'une belle petite brochette* de becque-figues…*

— En tous cas, s'écria ma tante, je te défends bien de tuer des canaris!

— Ni les canaris, ni les perroquets! C'est juré... Mais les culs-blancs et les ortolans...

— Les ortolans, c'est délicieux, dit ma tante...

— Et les grives? dit l'oncle, en clignant de l'œil.* Vous nous permettez les grives?

— Oh oui! dit ma mère. Joseph sait les faire à la broche. Nous en avons mangé l'année dernière, à la Noël.

— Moi, dit Paul avec feu, quand je vois une grive, je la mange toute! Mais pas le bec.

— Ensuite, dit l'oncle, je crois que nous pouvons compter sur des lapins.

— Oh, oui! dis-je. Il y en a même près de la maison. Ils ont fait leur cabinet près du gros amandier. C'est plein de pètes.*

— Pas de gros mots,* dit ma mère sévèrement.

— Ensuite, poursuivit l'oncle, nous rencontrons sûrement des perdrix — et qui plus est — des perdrix *rouges.*

— Toutes rouges? dit Paul.

— Non, elles sont marron, la gorge noire, avec des pattes rouges, et de belles plumes rouges aux ailes et à la queue.

— Ça fera bien pour les chapeaux d'Indiens!

— Ensuite, dit l'oncle, on m'a parlé de lièvres!

— Pourtant, dit mon père, François m'a affirmé qu'il n'y en avait pas.

— Offrez-lui donc six francs par lièvre et vous verrez qu'il vous en apportera! Il les vend cinq francs à l'auberge de Pichauris! J'espère que nos fusils nous épargneront le chagrin de les payer.

— Ça, dit mon père, ce serait beau.

— Je conviens que c'est un joli coup de fusil, mon cher Joseph. Mais il y a mieux: dans les ravins du Taoumé, il y a le Roi des Gibiers!

— Et quoi donc?

— Devinez! dit l'oncle.

— Des éléphants! s'écria Paul.

— Non! dit l'oncle. Mais devant la déception du petit frère, il ajouta: «Je ne crois pas qu'il y ait des éléphants, mais après tout, je n'en suis pas sûr. Allons, Joseph, faites un petit effort: le gibier le

plus rare, le plus beau, le plus méfiant? Le gibier qui est le rêve du chasseur? »

J'intervins:

— De quelle couleur c'est?*

— Brun, rouge et or.

— Des faisans! s'écria mon père.

Mais l'oncle disant « non » de la tête, ajouta:

— Peuh!... Le faisan est assez beau, je vous l'accorde — mais il est bête, et au départ,* il est aussi facile à tirer qu'un cerf-volant. Du point de vue du gourmet, sa chair est dure et sans goût: pour la rendre à peu près comestible, il faut la laisser se « faisander », c'est-à-dire se pourrir! Non, le faisan n'est pas le roi des gibiers.

— Alors, dit mon père, quel est donc le roi des gibiers?

L'oncle se leva, les bras en croix, et dit:

— La *bartavelle*!*

Pour prononcer ce mot, il avait élargi sa diction, tout en ouvrant des yeux émerveillés. Cependant, l'effet qu'il attendait ne se produisit pas, car mon père demanda:

— Qu'est-ce que c'est?

L'oncle ne fut nullement décontenancé.

— Vous voyez! s'écria-t-il d'un ton satisfait, ce gibier est si rare que Joseph, lui-même, n'en a jamais entendu parler! Eh bien, la bartavelle, c'est la perdrix royale, et plus royale que perdrix, car elle est énorme et rutilante. En réalité, c'est presque un coq de bruyère. Elle vit sur les hauteurs dans les vallons rocheux — mais elle est aussi méfiante qu'un renard: la compagnie* a toujours deux sentinelles, et il est très difficile de l'approcher.

— Moi, dit Paul, je sais comment il faut faire: je me coucherai à plat ventre — et je glisserai comme un serpent, sans respirer!

— Voilà une bonne idée, dit l'oncle Jules. Dès que nous verrons des bartavelles, nous viendrons te chercher.

— Vous en avez tué souvent? demanda ma mère.

— Non, dit l'oncle d'un air modeste. J'en ai vu plusieurs fois dans les Basses-Pyrénées: je n'ai pas eu l'occasion de les tirer.

— Mais qui vous a dit qu'il y avait des bartavelles dans le pays?

— C'est ce vieux braconnier qui s'appelle Mond des Parpaillons.
Je demandai:

— C'est un noble?

— Je ne crois pas, dit mon père, ça veut dire: Edmond des
Papillons.

Ce nom me ravit, et je me promis de rendre visite au mystérieux
seigneur.

— En a-t-il vu? demanda mon père.

— Il en a tué une l'année dernière. Il l'a portée en ville. On la
lui a payée DIX FRANCS.

— Mon Dieu! dit ma mère en joignant les mains. Si vous
pouviez en rapporter une par jour... Moi, ça m'arrangerait bien!*

— Ça n'est pas seulement le rêve du chasseur, dit mon père.
C'est aussi la chimère* de la ménagère! Ne parlez plus de barta-
velles, mon cher Jules: je vais en rêver cette nuit, et ma chère
femme en perd la raison!

— Ce qui m'ennuie, dit la tante Rose, c'est que, d'après le
paysan, il y a aussi des sangliers.

— Des sangliers? dit ma mère inquiète.

— Eh oui, dit l'oncle en souriant, des sangliers... Mais rassurez-
vous, ils ne viendront pas jusqu'ici! Au plus fort de l'été, quand les
sources sont à sec dans la chaîne de Sainte-Victoire, ils descendent
jusqu'à la petite conque du Puits du Mûrier, la seule source de la
région qui ne tarisse jamais. L'année dernière, Baptistin en a
tué deux!

— Mais c'est effrayant! dit ma mère.

— Pas du tout! dit Joseph rassurant. Le sanglier n'attaque pas
l'homme. Il le fuit, au contraire, de très loin, et il faut de grandes
précautions pour l'approcher.

— Comme les bartavelles! s'écria Paul.

— A moins, dit l'oncle d'un ton grave, qu'il ne soit blessé!

— Et vous croyez qu'il peut tuer un homme?

— Fichtrre!* s'écria l'oncle... J'avais un ami — un ami de
chasse — qui s'appelait Malbousquet. C'était un ancien bûcheron,
qui était devenu manchot, à la suite d'un accident de travail.

— Qu'est-ce que c'est manchot? demanda Paul.

— Ça veut dire qu'il n'avait plus qu'un bras. Alors, comme il ne pouvait plus manier sa cognée, il s'était mis braconnier.*

— Avec un seul bras? dit Paul.

— Eh oui... avec un seul bras! et je te garantis qu'il tirait juste!* Il ramenait tous les jours des perdrix, des lapins, des lièvres qu'il vendait en cachette au cuisinier du château. Eh bien, un jour, Malbousquet s'est trouvé nez à nez avec un sanglier — une bête pas très grosse — soixante-dix kilos exactement, car nous l'avons pesée après — eh bien, Malbousquet s'est laissé tenter. Il a tiré et il ne l'a pas manqué: mais la bête a eu la force de le charger, de le renverser, et de le mettre en pièces. Oui, en pièces, répéta mon oncle. Quand nous l'avons trouvé, nous avons d'abord vu, au milieu du sentier, un long cordon jaune et verdâtre, qui avait bien dix mètres de long: c'était les tripes de Malbousquet.

Ma mère et ma tante poussèrent des « oh! » écœurés,* tandis que Paul éclatait de rire et battait des mains.

— Jules, dit ma tante, tu ne devrais pas raconter ces horreurs devant les enfants.

— Au contraire! dit mon père (qui voyait une valeur éducative dans toutes les catastrophes), c'est excellent pour leur gouverne. Il est bon qu'ils sachent que le sanglier est un animal dangereux; si par miracle vous en voyez un, grimpez immédiatement à l'arbre le plus proche.

— Joseph, dit ma mère, tu vas me promettre que toi aussi tu monteras sur l'arbre, et sans tirer un seul coup de fusil.

— Il ferait beau voir!* s'écria l'oncle. Je vous ai dit que Malbousquet n'avait pas de chevrotines. Mais nous, nous en avons.

Il alla chercher dans un tiroir une poignée de cartouches, qu'il posa sur la table.

— Elles sont plus longues que les autres, parce que j'ai mis double charge de poudre, dit-il. Avec ça, l'animal reste sur le carreau!... A condition, ajouta-t-il en se tournant vers mon père, de tirer au défaut de l'épaule gauche.* Faites bien attention, Joseph... J'ai dit *gauche*!

— Mais, dit Paul, s'il part en courant, tu ne vois plus que ses fesses. Alors, qu'est-ce qu'il faut faire?

— Rien de plus simple. Et ça m'étonne que tu ne l'aies pas deviné.

— On lui tire dans la fesse gauche?

— Pas du tout, dit l'oncle. Il suffit de savoir que le sanglier aime beaucoup les truffes...

— Et alors? demanda ma mère, très intéressée.

— Voyons, Augustine, dit l'oncle, vous vous penchez vers votre côté *gauche*, et vous criez — le plus fort possible — *vers la gauche*: « Ah! la belle truffe! » Alors, le sanglier séduit, se retourne, en pivotant sur *sa gauche*, et vous présente son épaule *gauche*.

Ma mère éclata de rire avec moi. Mon père sourit et Paul déclara:

— Tu dis ça pour rire!

Mais il ne riait pas lui-même, car il n'était sûr de rien.

Ce dîner cynégétique avait duré beaucoup plus longtemps que d'ordinaire, et il était neuf heures lorsque nous quittâmes la table, pour aller commencer la fabrication des cartouches. Je fus admis à y assister, car je fis remarquer qu'il s'agissait d'une «leçon de choses».

— Une demi-heure, pas plus, dit ma mère; et elle emporta Paul qui, tout en dormant, gémissait* de faibles protestations.

— Et tout d'abord, dit mon oncle, examinons les armes!

Il alla prendre dans le buffet, derrière les assiettes, un bel étui de cuir fauve (je fus tout honteux de ne pas l'avoir découvert plus tôt), et il en tira un très joli fusil, qui paraissait tout neuf. Les canons étaient d'un beau noir mat, la gâchette était nickelée et, sur la crosse sculptée, s'allongeait un chien, noyé* dans le bois verni.

Mon père prit l'arme de l'oncle, l'examina, et fit un petit sifflement d'admiration.

— C'est le cadeau de noces de mon frère aîné, dit l'oncle: un calibre seize de Verney-Carron.* A percussion centrale.

Il le reprit, fit jouer les verrous; l'arme s'ouvrit avec un joli « clic », et il regarda la lampe à travers les canons.

— Parfaitement graissé, dit-il. Mais demain, nous reverrons ça de plus près.

Il se tourna vers mon père, et dit:

— Où est le vôtre?

— Dans ma chambre.

Il sortit à grands pas.

J'ignorais qu'il possédât un fusil, et je fus indigné qu'il eût gardé un si beau secret: j'attendis son retour avec une vive impatience, essayant de deviner, par le son de ses pas, et le bruit d'une clef, en quel endroit il l'avait caché. Cet espionnage fut vain, et je l'entendis redescendre d'un pas pressé.

Il nous apportait un grand étui jaune, qu'il avait dû acheter — à mon insu — chez le brocanteur, car de longues éraflures disaient son

âge, et avouaient, par leur fond blanchâtre, que cet objet était l'ouvrage d'un fabricant de papier mâché.

Il ouvrit cette dérisoire cartonnade,* et il dit, avec un sourire un peu gêné:

— Celui-ci va faire une pauvre figure* auprès d'une arme aussi moderne: mais c'est mon père qui me l'a donné.

Ayant ainsi transformé cette antique pétoire* en un respectable souvenir de famille, il tira de l'étui les trois morceaux d'un immense fusil.

L'oncle les prit, les ajusta et les verrouilla avec une rapidité magique, puis, considérant les dimensions de l'arme, il s'écria:

— Seigneur Dieu!* C'est une arquebuse?

— Presque, dit mon père. Mais il paraît qu'il est très précis.

— Ce n'est pas impossible, dit l'oncle.

La crosse n'en était pas sculptée, et elle avait perdu son vernis; la gâchette n'était pas nickelée, et les chiens étaient si grands qu'ils avaient l'air d'un ouvrage de ferronnerie. Je me sentis un peu humilié.

L'oncle Jules ouvrit la culasse, et l'examina d'un air pensif.

— Si ce n'est pas un calibre inconnu de l'ancien temps, ça doit être un douze!

— Oui, c'est un douze,* affirma mon père. J'ai acheté des douilles du calibre douze!

— A broche,* bien entendu.

— Oui, à broche.

Il prit dans une boîte de carton deux ou trois cartouches vides, qu'il tendit à l'oncle. De leur base de cuivre, sortait un petit clou sans tête. L'oncle en glissa une dans le canon.

— Il est légèrement dilaté, dit-il, mais c'est effectivement un douze à broche... Ce système a été abandonné depuis assez long-temps, parce qu'il présente un certain danger.

— Quel danger? demanda ma mère.

— Minime, dit l'oncle, mais danger tout de même. Voyez-vous, Augustine, c'est en frappant sur ce petit clou de cuivre que le chien met le feu à la poudre. Mais ce petit clou est *extérieur*, rien ne le protège: il peut recevoir un choc imprévu.

— Par exemple?

— Par exemple... si une cartouche échappe aux doigts du chasseur, et si elle tombe sur la broche, elle peut éclater à vos pieds.

— Ça, ce ne serait pas mortel, dit Joseph d'un ton rassurant. Et puis, il ne m'arrivera jamais de laisser tomber une cartouche.

— J'ai vu aussi, dit l'oncle, un accident singulier. J'étais très jeune, puisque c'était le temps des fusils à broche. Le président de la Société de Chasse, Monsieur Bénazet (il prononçait Bénazette) était si gros que de loin, la nuit, on l'aurait pris pour un demi-muid, et il avait fallu coudre ensemble deux cartouchières pour lui en faire une... Un jour, après un bon déjeuner de chasseurs, il a glissé, et il a roulé du haut en bas des escaliers, avec son immense cartouchière autour du corps: elle était garnie de cartouches à *broche*... Eh bien, on aurait dit un feu de peloton...* Et j'ai le regret de vous apprendre qu'il en est mort...

— Joseph, dit ma mère toute pâle, il faut acheter un autre fusil, sinon tu n'iras pas à la chasse!

— Allons donc! dit mon père en riant. D'abord je n'ai rien d'un* demi-muid, et ensuite je ne présiderai pas un « bon déjeuner de chasseurs » dans un pays de grands vinassiers* — car je suis bien sûr que l'explosion de Monsieur Bénazette a dû libérer d'abord un geyser de vin rouge!

— C'est assez probable, dit l'oncle Jules en riant. Et d'ailleurs, Augustine, je puis vous assurer qu'un tel accident est encore unique en son genre.

Il se leva brusquement, et épaula le calibre 12.

Ma mère me cria: « Reste où tu es! Ne bouge pas! »

L'oncle répéta cinq ou six fois sa manœuvre, visant tour à tour la pendule, la suspension, le tournebroche. Enfin, il rendit sa sentence.

— Ce fusil est très ancien, et il pèse trois livres de trop. Mais.il est bien en main* et il monte bien à l'épaule.* A mon avis, c'est une arme excellente!

Mon père fit un beau sourire, et il regardait l'assistance avec une certaine fierté, lorsque l'oncle ajouta:

— Si toutefois il n'éclate pas.

— Quoi? dit ma mère épouvantée.

— Ne craignez rien, Augustine, nous ferons tous les essais nécessaires, et nous tirerons les premières cartouches à la ficelle. S'il éclate, Joseph n'aura plus de fusil, mais il conservera sa main droite et ses yeux.

Il examina de nouveau la culasse, et dit encore:

— Il se pourrait aussi que sous l'effet d'une charge un peu forte, il change de calibre, et se transforme en canardière. Enfin, nous serons fixés* demain. Ce soir, préparons nos munitions!

Il prit une voix de commandement:

— Tout d'abord, éteignez tous les feux de la maison! Le danger que représente cette lampe à pétrole est déjà assez grand!

Il se tourna vers moi pour ajouter:

— *On ne plaisante pas avec la poudre!* !

Ma mère, terrorisée, courut à la cuisine, et versa une casserole d'eau sur les dernières miettes de braise qui rougeoyaient encore dans le fourneau. Cependant,* mon père vérifiait l'étanchéité de la lampe de cuivre, et la solidité de la suspension.

Ces précautions prises, l'oncle s'assit devant la table, et fit placer mon père en face de lui.

Ma tante, pour qui cette dangereuse cérémonie semblait n'avoir aucun secret, monta dans sa chambre, pour donner son biberon au petit Pierre, et n'en redescendit plus.

Ma mère s'était assise sur une chaise, à deux mètres de la table: je restai debout devant elle, entre ses genoux. Je pensais qu'ainsi mon corps la protégerait en cas d'explosion.

Alors mon oncle prit une des fioles de fer blanc, et gratta avec précaution la bande gommée qui en assurait l'étanchéité. Je vis paraître, sortant du bouchon, un minuscule cordonnet noir: il le saisit délicatement entre le pouce et l'index, il tira, le bouchon suivit.

Alors il inclina le goulot vers la feuille de papier blanc et une pincée de poudre noire en sortit. Je m'approchai, hypnotisé... C'était donc ça, la *poudre*, la terrible substance qui avait tué tant de bêtes et tant d'hommes, qui avait fait sauter tant de maisons, et qui avait lancé Napoléon jusqu'en Russie...* On aurait dit du charbon pilé, rien de plus...

Mon oncle prit un gros dé à coudre de cuivre, fixé au bout d'un petit manche de bois noir.

— Voici la jaugette* pour mesurer la charge, me dit-il. Elle est graduée en grammes et décigrammes, ce qui nous permet une précision suffisante.

Il la remplit à ras-bord, et la vida sur le plateau du trébuchet. Le plateau descendit, puis remonta lentement, et resta en équilibre.

— Elle n'est pas humide, dit-il. Elle pèse son juste poids, elle brille, elle est parfaite.

Alors commença le remplissage des douilles, opération à laquelle mon père collabora: il enfonçait, sur la poudre, les bourres grasses cuisinées par l'oncle Jules. Puis ce fut le tour des plombs, puis d'une autre bourre, et cette dernière fut surmontée d'une rondelle de carton sur laquelle un gros chiffre noir indiquait la grosseur du plomb.

Ensuite eut lieu le sertissage*: le petit appareil à manivelle rabattit le bord supérieur de la cartouche, et en fit une sorte de bourrelet, qui enferma définitivement la meurtrière combinaison.

— Le seize, demandai-je, c'est plus gros que le douze?

— Non, dit l'oncle. C'est un peu plus petit.

— Pourquoi?

— Oui! dit mon père. Pourquoi les plus petits numéros sont ceux des calibres les plus gros?

— C'est un bien petit mystère, dit l'oncle Jules d'un air doctoral, mais vous faites bien de me poser la question. Un calibre seize, c'est un fusil pour lequel on peut fabriquer seize balles rondes avec une livre de plomb. Pour un calibre douze, la même livre de plomb ne fournit que douze balles rondes, et s'il existait un calibre un, il tirerait des balles d'une livre.

— Voilà une explication fort claire, dit mon père. Est-ce que tu as compris?

— Oui, dis-je. Plus on fait de balles avec la livre, moins elles sont grosses. Et alors ça fait que le trou du fusil est plus petit quand c'est un gros numéro.

— Vous parlez bien d'une livre de cinq cent grammes?

— Je ne crois pas, dit l'oncle. Je crois qu'il s'agit d'une livre ancienne, celle de quatre cent quatre-vingt grammes.

— A merveille! dit mon père soudain très intéressé.

— Pourquoi?

— Parce que je vois là une mine de problèmes pour le cours moyen: « Un chasseur qui possédait sept cent soixante grammes de plomb, a pu fondre* vingt-quatre balles pour son fusil. Sachant que le poids de l'ancienne livre est de quatre cent quatre-vingt grammes et que le chiffre représentant le calibre représente aussi le nombre de balles que l'on peut faire pour son arme avec une livre de plomb, quel est le calibre de son fusil? »

Cette invention pédagogique m'inquiéta un peu, car je craignais qu'elle ne fût expérimentée aux dépens de mes jeux. Mais je fus rassuré par la pensée que mon père paraissait trop enflammé* par sa nouvelle passion pour sacrifier ses vacances à la dévastation des miennes, et la suite me prouva que j'avais raisonné juste.

La soirée, qui se termina par l'alignement d'un bataillon de cartouches multicolores, rangées comme des soldats de plomb, m'avait très vivement intéressé.

Pourtant je sentais une sorte de gêne, une insatisfaction* dont je n'arrivais pas à préciser la cause.

C'est en tirant mes chaussettes que je la découvris.

L'oncle Jules avait parlé toute la soirée en savant et en professeur, tandis que mon père, lui qui était examinateur au Certificat d'Etudes, l'avait écouté d'un air attentif, d'un air ignare, comme un élève.

J'en étais honteux et humilié.

Le lendemain matin, pendant que ma mère versait du café dans mon lait, je lui fis part de mes sentiments.

— Ça te plaît, toi, que papa aille à la chasse?

— Pas trop, me dit-elle. C'est un amusement dangereux.

— Tu as peur qu'il tombe* dans l'escalier avec ses cartouches?

— Oh non! dit-elle. Il n'est pas si maladroit... Mais tout de même, cette poudre, c'est traître.

— Eh bien, moi, ce n'est pas pour ça que ça ne me plaît pas.

— Alors, c'est pourquoi?

J'hésitai un instant, que je mis à profit pour avaler une bonne gorgée de café au lait.

— Tu n'as pas vu comment l'oncle Jules lui parle? C'est toujours lui qui commande, et qui parle tout le temps!

— C'est justement pour lui apprendre, et il le fait par amitié.

— Moi, je vois bien qu'il est rudement* content d'être plus fort* que papa. Et ça ne me plaît pas du tout. Papa le gagne* toujours, aux boules ou aux dames. Et là, je suis sûr qu'il va perdre. Je trouve que c'est bête de jouer à des jeux qu'on ne sait pas. Moi, je ne joue jamais au ballon parce que j'ai les mollets trop petits, et les autres se moqueraient de moi. Mais je joue toujours aux billes, ou aux barres, ou à la marelle, parce que je gagne presque toujours.

— Mais, gros bêta, la chasse, ce n'est pas un concours! C'est une promenade avec un fusil, et puisque ça l'amuse ça lui fera beaucoup de bien. Même s'il ne tue pas de gibier.

— S'il ne tue rien, eh bien moi, ça me dégoûtera. Oui ça me dégoûtera. Et moi je ne l'aimerai plus.

J'avais une petite envie de pleurer, que j'étouffai d'une tartine. Ma mère le vit bien, et elle vint m'embrasser.

— Tu as un peu raison, me dit-elle. C'est bien vrai qu'au commencement, papa sera moins fort que l'oncle Jules. Mais au bout d'une semaine, il sera aussi adroit que lui, et dans quinze jours, tu verras que c'est lui qui lui donnera des conseils!

Elle ne mentait pas pour me rassurer. Elle avait confiance. Elle était sûre de son Joseph. Mais moi, j'étais dévoré d'inquiétude, comme le seraient les enfants de notre vénéré président de la République, s'il leur confiait son intention de s'engager dans* le Tour de France cycliste.*

La journée du lendemain fut encore plus pénible.

Tout en nettoyant les fusils, dont les pièces étaient étalées sur la table, l'oncle Jules commença le récit de ses épopées cynégétiques.

Il disait que dans son Roussillon natal, à travers les vignes et les pinèdes, il avait abattu des dizaines de lièvres, des centaines de perdrix, des milliers de lapins, sans parler des « pièces rares ».

— Un soir, je rrentrais brredouille, et j'étais furrieux, car j'avais manqué deux lièvrres coup sur coup!

— Pourquoi? dit Paul la bouche ouverte et les yeux ronds.

— Je n'en sais fichtre rrien...* Le fait est que j'étais honteux et découragé... Mais en sortant du bosquet de Taps, j'entrre dans la vigne de Brouqueyrol, et que vois-je?

— Oui, que vois-je? dit Paul d'un air d'angoisse.

Je m'écriai: « Une bartavelle! »

— Non, dit mon oncle. Ça ne volait pas, et c'était bien plus gros. Que vois-je? disais-je. Un blairréau! un blairreau énorme, qui avait déjà dévasté toute une rrangée de rraisins de table!* J'épaule, je tirre...

C'était toujours la même chose, et pourtant toujours nouveau.

L'oncle tirait, puis par précaution, il « doublait »,* et l'animal foudrroyé s'ajoutait à la liste interminable des victimes.

Mon père écoutait ces récits glorieux, mais il ne disait rien: sagement, comme un apprenti, il ramonait le canon de son fusil, avec une brosse ronde fixée au bout d'une longue baguette, pendant que je polissais mélancoliquement la gâchette et le pontet.

A midi, les armes furent remontées, huilées, astiquées, et l'oncle Jules déclara:

— On les essaiera cet après-midi.

* * *

Le feuilleton de ses exploits continua pendant tout· le repas, et s'étendit jusqu'aux Pyrénées, pour le récit d'une chasse au chamois.

— Je prends ma lorgnette,* et que vois-je?

Paul en oubliait de manger, si bien que ma mère et ma tante — après la mort de deux chamois — prièrent le récitant d'arrêter là son épopée, ce qui parut le flatter grandement.

Je profitai de cet arrêt pour introduire adroitement une question personnelle.

Depuis le début des préparatifs, je n'avais jamais douté que je serais admis à suivre les chasseurs. Mais ni mon père ni mon oncle ne l'avaient dit expressément,* et je n'avais jamais osé poser la question, par crainte d'un refus catégorique: c'est pourquoi je pris un biais.*

— Et le chien? dis-je. Est-ce qu'il ne vous faudra pas un chien?

— Il serait bon d'en avoir un, dit l'oncle. Mais comment nous procurer un chien dressé?*

— Est-ce qu'il n'y en a pas chez les marchands?

— Oui, dit mon père. Mais ça vaut au moins cinquante francs!

— C'est de la folie! s'écria ma mère.

— Oh que non! dit l'oncle. Et si un bon chien ne valait que cinquante francs, croyez bien que je n'hésiterais pas! Mais à ce prix-là, vous n'aurez qu'un bâtard quelconque, qui vous* lâchera la piste d'un lièvre pour vous conduire au trou d'un rat! Un chien dressé, ça vaut dans les* quatre-vingts francs, et ça peut aller jusqu'à cinq cents!

— Et puis, dit ma tante, qu'est-ce que nous en ferions après la chasse?

— Après la chasse, il faudrait le revendre à moitié prix! Et d'ailleurs, ajouta l'oncle, il est très dangereux d'entretenir un chien dans la maison d'un bébé.

— C'est vrai, dit Paul. Il pourrait manger le petit cousin!

— Je ne crois pas. Mais il pourrait, sans le vouloir, lui donner des maladies.

— Une angine! s'écria Paul. Moi je sais ce que c'est. Mais moi, ce n'est pas un chien, c'est le courant d'air!

Je n'insistai pas: il n'y aurait pas de chien. C'est donc qu'ils comptaient sur moi pour retrouver* le gibier abattu. On ne l'avait pas dit, mais c'était évidemment sous-entendu: il n'était pas

nécessaire d'obtenir une promesse solennelle, surtout devant Paul, qui avait exprimé son intention de suivre la chasse « de loin » avec du coton dans les oreilles: prétention insoutenable qui eût pu faire grand tort aux miennes.

Je me tus donc prudemment.

Après le déjeuner, les grandes personnes firent la sieste. Nous profitâmes de cet intervalle pour mettre des gouvernails aux cigales; c'est-à-dire que dans le derrière des pauvres chanteuses, soudain muettes, nous plantions la queue d'une feuille d'amandier, puis, je les lançais en l'air. Elles volaient alors au hasard, et leurs circuits extravagants nous faisaient rire de bon cœur.

Vers les trois heures, mon père nous héla.

— Venez ici! cria-t-il. Et restez derrière nous! Nous allons essayer les fusils!

L'oncle Jules avait solidement attaché l'arquebuse à deux grosses branches parallèles, et déroulait une longue ficelle dont une extrémité commandait la gâchette. A dix pas du fusil, il s'arrêta.

Ma mère et ma tante, accourues, nous forcèrent à reculer encore plus loin.

— Attention! dit l'oncle. J'ai mis triple charge, et je vais tirer les deux coups à la fois! Si le fusil explose, les éclats pourraient siffler à nos oreilles!

Toute la famille se mit à l'abri derrière des troncs d'olivier, et chacun risquait un œil.

Seuls, les hommes restèrent à découvert, héroïques.

L'oncle tira la ficelle: une détonation puissante ébranla les airs, et mon père courut vers l'arme ligotée.

— Il a tenu le coup!* cria-t-il. Et il coupait joyeusement les liens.

L'oncle ouvrit la culasse, et l'examina de fort près.

— C'est parfait! déclara-t-il enfin. Ni fêlure, ni dilatation! Augustine, je réponds maintenant de la sécurité de Joseph: ce fusil est aussi résistant qu'une pièce d'artillerie!

Et comme les femmes s'éloignaient, rassurées, il dit à voix basse à mon père:

— Cependant, il ne faudra pas exagérer. Je puis évidemment vous affirmer qu'avant cette épreuve cette arme *était* parfaite. Mais il arrive quelquefois que l'expérience elle-même compromette la solidité du canon... C'est un risque qu'il faut accepter. Nous allons maintenant vérifier le groupement des plombs.

Il tira un journal de sa poche, le déplia, et partit à grands pas vers les cabinets, au bout de l'allée d'iris.

— Il a la colique? dit Paul.

Mais l'oncle Jules n'entra pas dans la guérite: il fixa sur la porte, au moyen de quatre punaises, le journal déployé, et revint à grands pas vers mon père.

Il chargea son fusil d'une seule cartouche. « Attention! » dit-il.

Il épaula, visa une seconde et tira.

Paul, qui s'était bouché les oreilles, s'enfuit vers la maison.

Les deux chasseurs s'approchèrent du journal: il était criblé de trous, comme une passoire.

L'oncle Jules l'examina longuement, et parut satisfait.

— Ils sont bien groupés. J'ai tiré le canon choke.* A trente mètres, c'est parfait.

Il prit dans sa poche un autre journal, et tout en le dépliant, il dit:

— A vous, Joseph!

Tandis qu'il mettait la nouvelle cible en place, mon père chargea son fusil. Ma mère et ma tante, attirées par la première détonation, étaient revenues sur la terrasse. Paul, à demi caché derrière le tronc du figuier, regardait d'un œil, l'index enfoncé dans l'oreille.

L'oncle se replia au trot, et dit:

— Allez-y!

Mon père visa.

Je tremblais qu'il ne manquât la porte: c'eût été l'humiliation définitive, et l'obligation, à mon avis, de renoncer à la chasse.

Il tira. La détonation fut effrayante, et son épaule tressaillit violemment. Il ne parut ni ému ni surpris, et s'avança vers la cible d'un pas tranquille — je le devançai.

Le coup avait frappé le milieu de la porte, car les plombs entouraient le journal sur les quatre côtés. Je ressentis une fierté triomphale, et j'attendais que l'oncle Jules exprimât son admiration.

Il s'avança, examina la cible, se retourna et dit simplement:

— Ce n'est pas un fusil, c'est un arrosoir!

— Il l'a frappé en plein milieu! dis-je avec force.

— Ce n'est pas mal tiré! dit-il avec condescendance. Mais une perdrix qui s'envole n'a pas grand-chose de commun avec une porte de cabinets. On va maintenant essayer les plombs de quatre, de cinq et de sept.

Ils tirèrent encore trois coups de fusil chacun, toujours suivis d'examens et de commentaires de l'oncle.

Enfin, il s'écria:

— Pour les deux dernières, on va tirer les chevrotines. Serrez bien votre crosse, Joseph, car j'ai mis une charge et demie de poudre. Et vous, Mesdames, bouchez-vous les oreilles, car vous allez entendre le tonnerre!

Ils tirèrent en même temps; le fracas fut étourdissant, et la porte tressaillit violemment.

Ils s'avancèrent tous les deux, souriants et satisfaits d'eux-mêmes.

— Tonton,* demandai-je, est-ce que ça aurait tué un sanglier?

— Certainement, s'écria-t-il, à condition de le toucher...

— Au défaut de l'épaule gauche!

— Exactement!

Il arracha les journaux superposés, et je vis, incrustées profondément dans le bois, une vingtaine de petites billes de plomb.

— C'est du bois dur, dit-il. Elles n'ont pas traversé! Si nous avions eu des balles...

Heureusement, ils n'en avaient pas eu, car à travers la porte massacrée, nous entendîmes une faible voix. Elle disait, incertaine:

— Est-ce que je peux sortir, maintenant?

C'était la « bonne ».

La date de l'ouverture* approchait, et l'on ne parlait plus que chasse à la maison.

Après la longue suite des récits épiques, l'oncle Jules en était arrivé aux explications et démonstrations techniques. A quatre heures, après la sieste, il disait :

— Joseph, je vais vous décomposer* le « coup du roi », qui est aussi le roi des coups. D'abord, écoutez-moi bien... Vous êtes caché derrière une haie, et votrre chien décrit un cercle autour de la vigne. S'il connaît son métier, les perrdrreaux vont venir droit sur vous. Alors, vous faites un pas en arrière, mais vous n'épaulez pas encore, parce que le gibier verrait votre fusil, et il aurait le temps de prendre la tangente. Dès que les volatiles paraissent dans mon champ visuel, j'épaule, je vise. Mais au moment de tirrer, d'un coup sec, vous relevez le bout du canon d'une dizaine de centimètres, tout en pressant sur la gâchette, et vous baissez la tête, en faisant le dos rond.

— Pourquoi? dit mon père.

— Parce que si votre tir est bien ajusté, vous allez recevoir en pleine figure un volatile d'un kilo lancé à soixante à l'heure. Passons maintenant à la pratique. Marcel, va me chercher mon fusil.

Je courais à la salle à manger, et je revenais à pas lents, portant avec respect cette arme précieuse.

L'oncle ouvrait toujours la culasse, pour voir si le fusil n'était pas chargé.

Puis il allait se poster derrière la haie du jardin. Mon père, Paul et moi, nous formions un demi-cercle autour de lui. L'oncle, les sourcils froncés, l'oreille tendue, le dos voûté, essayait de voir à travers les feuilles, non pas ce pauvre chemin pierreux, mais les vignes dorées du Roussillon. Soudain, il lançait deux aboiements aigus et brefs. Puis, soufflant puissamment entre ses lèvres molles, il imitait l'envol ronflant d'une compagnie de perdreaux. Alors, il faisait le pas en arrière, et regardait intensément* le ciel, au ras de la

haie. Puis il épaulait vivement, donnait le petit coup sec, et criait: « Pan! pan! ». Sur quoi, nous rentrions tous les quatre la tête dans nos épaules contractées,* et nous demeurions immobiles, les yeux fermés, prêts à supporter le choc d'un « volatile d'un kilo lancé à soixante à l'heure ».

L'oncle nous délivrait en disant: « Pom! pom... », car deux perdrix étaient tombées derrière nous. Il les cherchait un instant du regard, puis allait les ramasser l'une après l'autre — car dans ses démonstrations, il ne faisait que des « doublés ».* Enfin, sifflant son chien, il retournait s'asseoir à l'ombre, du pas pesant du chasseur fatigué. Mon père, pensif, disait:

— Ça ne doit pas être bien facile.

— Oh! il y faut de l'entraînement!* J'avoue que je n'ai jamais entendu dire qu'un débutant l'ait réussi du premier coup... Mais si vous avez des dispositions — ce que j'ignore encore — il est bien possible que l'année prochaine... Essayez-le donc tout de suite!

Et mon père, docile, prenait à son tour le fusil, et répétait fidèlement la pantomime de l'oncle Jules.

Parfois, le matin, il m'emmenait avec lui sur le chemin du vallon de Rapon, qui était bordé d'une haie d'arbustes. Et là nous répétions en cachette le « coup du roi »: je jouais le rôle de la perdrix, puis, au moment de m'envoler, je lançais de toutes mes forces une pierre par-dessus la haie, et mon père essayait de la suivre, du bout de son fusil brusquement épaulé...

Ensuite — pour le tir aux lapins — je lançais dans l'herbe, sans le prévenir, une vieille boule moisie, épave d'un jeu de quilles disparu, que j'avais trouvée dans le jardin.

D'autres fois, il m'envoyait me cacher dans un buisson, et me donnait l'ordre de fermer les yeux. Là, j'attendais, les oreilles grandes ouvertes, et attentif au moindre craquement. Soudain, il posait la main sur mon épaule, et disait: « Est-ce que tu m'as entendu venir? »

Ainsi, mon père préparait l' « Ouverture », avec une application si minutieuse et si humble que, pour la première fois de ma vie, je doutai de sa toute-puissance, et mes inquiétudes ne faisaient que grandir.

Enfin l'aube se leva sur la veille du grand jour.

Ils essayèrent d'abord leurs tenues de chasse. Papa avait acheté une casquette bleue, qui me parut du plus bel effet, des jambières en cuir marron, et des souliers montants* à semelle de corde. L'oncle Jules portait un béret basque, des bottes lacées par devant, et une veste tout à fait spéciale, dont il faut que je dise un mot, parce que c'était un vêtement très remarquable.

A première vue, ma mère déclara:

— Ce n'est pas une veste: c'est trente poches cousues ensemble!

Il y en avait jusque dans le dos. Je m'aperçus plus tard que cette richesse avait ses défauts.

Lorsque l'oncle cherchait quelque chose dans ses poches, il tâtait d'abord le drap, puis la doublure, puis les deux à la fois, afin de repérer l'objet. Le plus difficile était ensuite de découvrir par quelle voie il était possible de parvenir jusqu'à lui.

C'est ainsi qu'un petit merle, oublié dans ce labyrinthe, signala sa présence, quinze jours plus tard, par une épouvantable odeur. Il fut aisément localisé par le nez de la tante Rose, et par la vue d'un triste bec jaune qui avait traversé la doublure. L'oncle sonda plusieurs ouvertures de poches, ce qui lui permit de découvrir une oreille de lapin, de la bouillie* d'escargot, et un vieux cure-dents qui se planta sous l'ongle de son index... Mais pour l'extraction du cadavre, il fallut recourir aux ciseaux.

Cependant, le jour de l'essayage, la veste fit un grand effet, et sembla promettre abondance de gibier.

La cérémonie, devant le miroir, fut assez longue, et les chasseurs semblaient s'y complaire. Mais leurs femmes les déshabillèrent pendant qu'ils en étaient encore à se mirer, et prirent en main leurs vêtements, pour en consolider les boutons.

Les fusils furent, une fois de plus, astiqués et graissés, et j'eus l'honneur d'enfoncer les cartouches dans les ceintures à godets* de cuir.

Puis ils étudièrent la carte d'état-major, une loupe à la main.

— Nous monterons derrière la maison, dit l'oncle, jusqu'à Redouneou, que voici (il plantait dans la carte une épingle à tête noire); jusque-là, nous ne verrons pas grand-chose, peut-être des grives ou des merles...

— Ce serait déjà* très intéressant, dit mon père.

— Bagatelles!* dit l'oncle. Notre gibier — ne nous faisons pas d'illusions — ce n'est évidemment pas la bartavelle, mais c'est au moins la perdrix, le lapin et le lièvre. Je crois que nous en trouverons aux Escaouprès, c'est du moins ce que m'a dit Mond des Papillons. Donc, à Redouneou, nous descendons sur les Escaouprès: nous les remonterons jusqu'au pied du Taoumé, que nous contournerons à droite pour atteindre le Puits du Mûrier. C'est là que nous déjeunerons, vers midi et demie.* Ensuite...

Mais je n'entendis pas la suite, car je réfléchissais à mon plan.

Il était maintenant indispensable de poser la question nettement, et d'obtenir la confirmation de mes certitudes, certitudes d'ailleurs un peu ébranlées par l'attitude passive de l'entourage.*

On n'avait pas parlé de mon costume... Sans doute pensait-on que le mien était bien suffisant pour un chien de chasse?

Un matin, j'avais dit à la bonne que j'attendais impatiemment l'Ouverture. Cette créature avait ri, et m'avait répondu:

— Il ne faudrait pas t'imaginer qu'ils vont te mener avec eux!

Propos absurde d'une idiote, à laquelle je regrettai d'avoir adressé la parole. Ce qui m'inquiétait davantage, c'était qu'il me semblait sentir une certaine gêne chez mon père et qu'il avait dit plusieurs fois à table — sans aucun motif — que le sommeil était indispensable aux enfants, à tous les enfants sans exception, et qu'il était très dangereux de les réveiller à quatre heures du matin. L'oncle avait abondé dans son sens, et il avait même cité des exemples de petits garçons qui étaient devenus rachitiques ou tuberculeux parce qu'on les faisait lever trop tôt tous les jours.

J'avais pensé que ces discours s'adressaient à Paul, afin de le préparer à son éviction de la chasse. Mais j'en avais gardé une impression fort peu plaisante, et comme un petit doute gênant. Je pris mon courage à deux mains.

Il fallait d'abord éloigner Paul.

Il était justement devant la porte, très occupé à gratter le ventre d'une cigale, qui chantait de plaisir, ou peut-être hurlait de douleur.

Je lui tendis le filet à papillons, et je lui révélai qu'au fond du jardin, je venais de voir un oiseau-mouche blessé, qu'il lui serait facile de capturer. Cette nouvelle l'excita grandement. Il lâcha la cigale, et dit: « Allons-y vite! »

Je lui répondis qu'il m'était impossible de l'accompagner, parce qu'on m'imposait un bain, avec du savon.

Je pensais exciter sa pitié, et faire naître en même temps la crainte qu'on ne lui infligeât le même traitement. Je réussis pleinement, car attiré par l'oiseau-mouche et chassé par le bain, il m'arracha le filet, et disparut sous les genêts.

Je rentrai dans la maison au moment où l'oncle Jules repliait la carte en disant:

— Douze kilomètres dans les collines, ce n'est pas excessif, mais ça fait tout de même une trotte.

Je dis bravement:

— Moi, je porterai le déjeuner.

— Quel déjeuner? dit l'oncle.

— Le nôtre. Je prendrai deux musettes, et je porterai le déjeuner.

— Mais où donc? dit mon père.

Cette question me coupa le souffle, car je vis qu'il faisait semblant de ne pas comprendre.

Je fonçai* désespérément.

— A la chasse, dis-je. Moi, je n'ai pas de fusil, c'est tout naturel que je porte le déjeuner. Vous, ça pourrait vous gêner. Et puis, si vous le mettez dans le carnier, il n'y aura plus de place pour mettre le gibier. Et puis, moi, quand je marche, je ne fais pas de bruit. J'ai bien étudié les Peaux-Rouges, je sais marcher comme un Comanche. La preuve, c'est que j'attrape des cigales tant que je veux. Et puis moi, je vois de loin, et l'autre jour, c'est moi qui vous ai fait voir l'épervier, et encore* vous ne l'avez pas vu tout de suite. Et puis vous n'avez pas de chien, et les perdrix, quand vous les tuerez vous ne pourrez pas les retrouver, tandis que moi, je suis petit, je me faufile dans les broussailles... Et puis comme ça,

pendant que je les chercherai, vous pourrez en tuer d'autres. Et puis...

— Viens ici, dit mon père.

Il posa sa grande main sur mon épaule, et me regarda dans les yeux.

— Tu as entendu ce qu'a dit l'oncle Jules: douze kilomètres dans les collines! Tu as de bien petites pattes pour marcher si longtemps!

— Elles sont petites, mais elles sont dures, dis-je. Touche-les, c'est comme du bois.

Il tâta mes mollets:

— C'est vrai que tu as de bons muscles...

— Et puis, je suis léger, moi. Je n'ai pas des grosses fesses comme l'oncle Jules, ça fait que je ne suis jamais fatigué!

— Ho ho! dit l'oncle Jules, trop heureux de détourner la conversation, je n'aime pas beaucoup qu'on se permette de critiquer mes fesses!

Mais je n'acceptai pas la discussion, et j'enchaînai*:

— Elles ne sont pas grosses, les sauterelles, et pourtant elles sautent bien plus loin que toi! Et puis, quand l'oncle Jules avait sept ans, son père l'emmenait toujours à la chasse. Et moi, maintenant, j'ai huit ans et demi passés. Et pourtant, il a dit que son père était sévère. Alors, c'est une injustice... Et puis, si vous ne me voulez pas, moi je vais tomber malade, et déjà j'ai un peu mal au cœur!

Sur quoi, je courus au mur, et contre mon bras replié, je me mis à pleurer bruyamment.

Mon père ne savait que dire et il caressait mes cheveux.

Ma mère entra et, sans un mot, me prit sur ses genoux. J'étais au comble du désespoir. D'abord parce que cette ouverture m'apparaissait comme un grand départ vers l'Aventure, vers les hautes garrigues inconnues que je regardais depuis si longtemps. Et surtout, je voulais aider mon père dans son épreuve: je me glisserais dans les broussailles, et je rabattrais le gibier sur lui.* S'il manquait un perdreau, je dirais: «Je l'ai vu tomber!», et je rapporterais triomphalement quelques plumes que j'avais ramassées

dans le poulailler, afin de lui donner confiance. Mais cela, je ne pouvais pas le dire, et mon amour déçu me brisait le cœur.

— Mais aussi, dit ma mère sur un ton de reproche, vous lui en avez trop parlé!

— Ce serait dangereux, dit mon père, surtout le jour de l'ouverture. Il y aura d'autres chasseurs dans la colline... Il est petit et, dans les broussailles, on pourrait le prendre pour un gibier.

— Mais moi, je les verrai, les chasseurs! criai-je entre deux sanglots. Et alors, si je leur parle, ils comprendront que je ne suis pas un lapin!

— Eh bien, je te promets que tu viendras avec nous dans deux ou trois jours, quand je serai mieux entraîné,* et que nous n'irons pas si loin.

— Non! non! Je veux faire l'ouverture!*

Alors, l'oncle Jules se montra grand et généreux.

— Je me mêle peut-être de ce qui ne me regarde pas, dit-il. Mais à mon avis, Marcel a mérité de faire l'ouverture avec nous. Allons, ne pleure plus. Il portera notre déjeuner, comme il l'a proposé, et il nous suivra bien gentiment,* à dix pas derrière les fusils.

Il se tourna vers mon père.

— C'est d'accord, Joseph?

— Si vous êtes d'accord, moi aussi.

La reconnaissance, qui me faisait verser de nouvelles larmes, m'étouffa. Ma mère me caressa doucement la tête, et baisa mes joues mouillées. Alors, je bondis sur mon oncle, je l'escaladai, et je serrai sa grosse tête sur mon cœur battant.

— Calme-toi, calme-toi! disait mon père.

Après deux gros baisers bien appliqués, je descendis d'un bond: je baisai la main de mon père, et levant les bras au ciel, j'exécutai une danse sauvage terminée par un bond qui me porta sur la table, d'où j'envoyai mille baisers aux assistants.

— Seulement, dis-je ensuite, il ne faudra pas en parler à Paul, parce qu'il est trop petit. Il ne pourrait pas marcher si loin.

— Hé hé, dit mon père, tu vas donc mentir à ton frère?

— Je ne mentirai pas, mais je ne lui dirai rien.

— Mais s'il t'en parle? dit ma mère.

— Je lui mentirai, parce que c'est pour son bien.

— Il a raison! dit mon oncle. Puis, me regardant bien dans les yeux, il ajouta:

— Tu viens de dire une parole importante, tâche de ne pas l'oublier: *il est permis de mentir aux enfants, lorsque c'est pour leur bien.*

Il répéta: « Ne l'oublie pas. »

Mais Paul arrivait, assez penaud de ne pas avoir trouvé l'oiseau blessé, et la conversation s'arrêta brusquement.

* * *

Pendant le dîner, ma joie était si grande, que je n'arrivai pas à manger, malgré les observations de ma mère. Mais l'oncle ayant parlé de l'appétit des chasseurs comme d'un trait caractéristique de cette race, je dévorai ma côtelette, et je redemandai des pommes de terre.

— Qu'est-ce qu'il te prend?* dit mon père.

— Je prends des forces* pour demain!

— Que comptes-tu faire demain? demanda l'oncle sur un ton d'affectueuse curiosité.

— Eh bien, dis-je, l'ouverture.

— L'ouverture? Mais ce n'est pas demain! s'exclama-t-il... Demain, c'est dimanche! Est-ce que tu crois qu'il est permis de tuer les bêtes du bon Dieu, le jour du Seigneur? Et la messe alors, qu'en fais-tu?* C'est vrai, ajouta-t-il, que vous êtes une famille de mécréants! Et voilà pourquoi cet enfant a l'idée folle que l'on peut ouvrir la chasse un dimanche!

Je fus consterné.

— Mais alors, quand est-ce?

— C'est lundi... après-demain.

C'était une désolante nouvelle, car cette journée d'attente allait être un très long martyre. Que faire? Je me résignai, de fort mauvaise grâce, mais sans mot dire. Puis l'oncle Jules ayant annoncé qu'il tombait de sommeil, tout le monde alla se coucher.

Quand ma mère eut bordé le petit Paul, elle vint me donner le baiser du soir, et me dit:

— Demain, je vous finirai les nouveaux costumes d'Indiens, pendant que tu fabriqueras les flèches. Et pour déjeuner, il y aura de la tarte aux abricots avec de la crème fouettée.

Je compris qu'elle me promettait ce régal pour atténuer ma déconvenue, et je lui baisai les mains tendrement.

Mais dès qu'elle fut sortie, le petit Paul parla. Je ne le voyais pas, parce qu'elle avait soufflé sur la flamme de la bougie. Sa petite voix était calme et froide.

— Moi, je le savais qu'ils ne te mèneraient pas à l'ouverture. Moi, j'en étais sûr!

Je répondis hypocritement:

— Je n'ai jamais demandé à y aller. L'ouverture, ce n'est pas pour les enfants.

— Tu es un grand menteur. Moi, j'ai vu tout de suite que l'oiseau-mouche, ce n'était pas vrai. Alors, je suis vite revenu, et je me suis mis sous la fenêtre, et j'ai entendu tout ce que vous avez dit, et tout ce que tu as pleuré! Et même, tu as promis qu'il faut me dire des mensonges. Mais moi, je m'en fous* bien d'aller à la chasse. Les vrais coups de fusil, ça me fait trop peur. Mais quand même,* tu es un menteur, et l'oncle Jules est encore plus menteur que toi.

— Pourquoi?

— Parce que c'est demain. Moi je le sais. Maman a fait l'omelette aux tomates cet après-midi, et puis elle l'a mise dans les carniers avec un grand saucisson et des côtelettes crues, et du pain, et la bouteille de vin. Moi j'ai tout vu. Et les carniers, ils sont cachés dans le placard de la cuisine, pour pas que tu le voies.* Ils vont partir de bonne heure, et toi tu te brosseras.*

Cette révélation était accablante. Mais je refusai d'y croire.

— Alors tu oses dire que l'oncle Jules a dit des mensonges? Moi, je l'ai vu habillé en sergent, l'oncle Jules. Et il a une décoration, l'oncle Jules.

— Moi, je te dis qu'ils y vont demain. Et puis, ne me parle plus, parce que j'ai sommeil.

La petite voix se tut, et je restai, les yeux grands ouverts, dans le doute et la nuit.

A-t-on le droit de mentir, quand on est sergent? Certainement non. La preuve: le sergent Bobillot.*

Mais je me rappelai soudain que l'oncle Jules n'avait jamais été sergent, et que je venais de l'inventer dans mon désarroi.* De plus, il y avait, dans son passé, la terrible histoire du parc Borély...

Quand j'avais découvert son imposture, qu'avait-il fait? Il s'était mis à rire, tout simplement, et sans la moindre confusion.

Cependant, je cherchais des excuses à ce mensonge déjà très ancien, pour diminuer sa valeur de preuve, lorsqu'un souvenir terrible traversa mon esprit.

Dans l'après-midi même, quand j'avais eu la sottise de dire que j'allais mentir à Paul, parce que c'était pour son bien, l'oncle Jules avait saisi la balle au bond. Il m'avait hautement approuvé, pour justifier par avance sa criminelle comédie.*

Je fus désespéré par cette trahison. Et mon père, qui n'avait rien dit! Mon père, qui était le complice muet d'un complot dirigé contre son petit garçon... Et maman, ma chère maman, qui avait pensé à la consolante crème fouettée... Je m'attendris soudain sur mon triste sort, et je me mis à pleurer en silence; au loin, la flûte d'argent de la chouette ajoutait à mon désespoir.

Puis, un doute me revint: Paul était parfois démoniaque; n'avait-il pas inventé cette histoire pour se venger du coup de l'oiseau?

Toute la maison paraissait dormir: je me levai sans le moindre bruit, et je mis plus d'une minute pour faire tourner le bouton de la serrure... Sous la porte des autres chambres, je ne vis pas le trait de lumière. Je descendis sur mes pieds nus: aucune marche ne craqua. Dans la cuisine, le clair de lune me permit de trouver les allumettes et une bougie. Alors, devant la porte du placard fatidique, j'hésitai un moment. Derrière cette plaque de bois mort, j'allais découvrir la scélératesse de l'oncle Jules, ou la perfidie de Paul — ce serait, de toute façon, une catastrophe sentimentale...

Je fis tourner, lentement, la clef... Je tirai... Le vantail vint à moi... J'entrai dans le vaste placard, je haussai la bougie: ils étaient là, les deux gros carniers de cuir fauve, avec leurs poches de filet... Ils étaient gonflés à crever* et, de chaque côté, pointait* le goulot bouché d'une bouteille... Sur une étagère, à côté des earniers, les deux cartouchières que j'avais garnies moi-même. Quelle fête se préparait! Une grande indignation me souleva,

et je pris une décision farouche: j'irais avec eux, malgré eux!

Je remontai dans ma chambre, avec la légèreté d'un chat, et je fis mon plan.

D'abord, il fallait garder les yeux ouverts. Si je m'endormais, j'étais perdu. Jamais de ma vie je n'avais pu me réveiller à quatre heures du matin. Donc, ne pas s'endormir.

En second lieu, préparer mes vêtements, que j'avais, selon mon habitude, jetés un peu partout...* A quatre pattes, dans la nuit, je récupérai mes chaussettes, je les mis dans mes espadrilles.

Après d'assez longues recherches, je trouvai ma chemise sous le lit de Paul. Je la remis à l'endroit, ainsi que ma culotte: je les plaçai ensuite sur le pied de mon lit. Alors je me recouchai, assez fier de ma résolution prise — et j'ouvris les yeux de toutes mes forces.

Paul dormait paisiblement. Deux chouettes se répondaient maintenant à intervalles réguliers. L'une n'était pas loin de ma fenêtre, sans doute dans le gros amandier. La voix de l'autre, un peu moins grave, mais plus jolie à mon avis, montait du vallon. Je pensai que c'était la femme qui répondait à son mari.

Un mince rayon de lune passait par le trou du volet, et faisait briller le verre sur ma table de nuit. Le trou était rond, le rayon était plat. Je me promis de demander à mon père l'explication de ce phénomène.

Tout à coup, dans le grenier, les loirs commencèrent une sara-bande,* qui se termina par une bagarre, avec des bonds et des cris pointus. Puis, le silence se fit, et j'entendis, à travers la cloison, le ronflement de l'oncle Jules, le ronflement paisible et régulier d'un honnête homme, ou d'un criminel endurci. « A mon avis, » avait-il dit, « Marcel a mérité de faire l'ouverture avec nous! » Le Cerf Agile* avait bien raison: les Visages Pâles ont la langue double!*

Et il avait eu l'audace de me mentir « pour mon bien »! C'était donc me faire du bien, que me réduire au désespoir? Et moi, qui l'avais serré sur mon cœur si tendrement! Je lui vouai, solennelle-ment, une rancune éternelle.

Je pensai ensuite à la trahison muette de mon père: je me promis cependant de garder le silence sur cet épisode navrant, et je hâtai le

pas sur un sentier bordé de broussailles sans épines, qui caressaient mes mollets nus. Je portais un fusil long comme une canne à pêche, qui étincelait au soleil. Mon chien — un épagneul blanc et feu* — me précédait, le nez à terre, et lançait de temps à autre un aboiement plaintif tout à fait semblable au cri musical de la chouette; un autre chien, de loin, lui répondait. Soudain, un oiseau énorme se leva: il avait un bec de cigogne, mais c'était une bartavelle!... Elle vint droit sur moi, d'un vol rapide et puissant: le « coup du roi »! Je fis le pas en arrière, je visai, je donnai le petit coup sec et, pan! Dans un nuage de plumes, la bartavelle tomba à mes pieds. Je n'eus pas le temps de la ramasser, car un autre volatile venait encore droit sur moi: dix fois, vingt fois, je réussis le « coup du roi », à la grande stupeur de l'oncle Jules, qui venait de sortir d'un fourré, avec une horrible tête de menteur. Je lui offris tout de même de la crème fouettée, et je lui abandonnai toutes mes barta-velles, en lui disant: « On a le droit de mentir aux grandes per-sonnes, quand c'est pour leur Bien. » Après quoi, je m'étendis sous un arbre, et j'allais m'endormir, lorsque mon chien vint me parler à l'oreille. Il dit, dans un chuchotement: « Ecoute-les! Ils partent sans toi! »

Je m'éveillai pour tout de bon. Paul était près de mon lit, et tirait doucement mes cheveux.

— Je les ai entendus, dit-il. Ils sont passés devant la porte. Ils ont écouté. J'ai vu la lumière par le trou de la serrure. Après, ils sont descendus sur la pointe des pieds.

Un robinet coulait dans la cuisine. J'embrassai Paul et je m'habillai en silence. La lune s'était couchée, il faisait nuit noire. A tâtons, je trouvai mes vêtements.

— Qu'est-ce que tu fais? dit Paul.

— Je vais avec eux.

— Ils ne te veulent pas.

— Je vais les suivre de loin, à l'indienne, pendant toute la matinée... A midi, ils ont dit qu'ils mangeraient près d'un puits. Alors, à ce moment, je me ferai voir, et, s'ils veulent me renvoyer, je dirai que je vais me perdre, et alors ils n'oseront pas.

— Peut-être tu vas recevoir une bonne gifle.

— Tant pis. J'en ai reçu d'autres, et des fois pour rien du tout...

— Si tu te caches dans les broussailles, peut-être l'oncle Jules te prend pour un sanglier, et il te tue. Ça serait bien fait pour lui,* seulement, toi, tu seras mort!

— Ne t'inquiète pas pour moi.

Grâce à un emprunt discret à Fenimore Cooper, j'ajoutai: « La balle qui me tuera n'est pas encore fondue! »

— Et maman, qu'est-ce qu'il faut lui dire?

— Est-ce qu'elle est en bas avec eux?

— Je ne sais pas... Je ne l'ai pas entendue.

— Je lui laisserai un petit billet sur la table de la cuisine.

Avec de grandes précautions, j'ouvris la fenêtre, sans toucher aux volets. Je grimpai sur la barre d'appui, et je collai mon œil au trou de la lune.

Le jour pointait*; le sommet du Taoumé, au-dessus des plateaux encore sombres, était bleu et rose. En tout cas, je voyais nettement le chemin des collines: ils ne pourraient pas m'échapper.

J'attendis. Le robinet ne coulait plus.

— Et si tu rencontres un ours? chuchota Paul.

— On n'en a jamais vu dans le pays.

— Peut-être qu'ils se cachent. Fais bien attention. Prends le couteau pointu dans le tiroir de la cuisine.

— C'est une bonne idée, je le prendrai.

Dans le silence, nous entendîmes des pas, sur des souliers ferrés. Puis la porte s'ouvrit, et se referma.

Je courus aussitôt à la fenêtre, et j'entrebâillai très légèrement les volets. Les pas faisaient le tour de la maison: les deux traîtres parurent, et commencèrent à monter vers la lisière des pinèdes. Papa avait mis sa casquette et ses jambières de cuir. L'oncle Jules, son béret et ses bottes lacées. Ils étaient beaux, malgré leur mauvaise conscience, et ils marchaient d'un bon pas, comme s'ils me fuyaient.

J'embrassai Paul, qui se recoucha aussitôt, et je descendis au rez-de-chaussée. Rapidement, je rallumai la bougie, je déchirai une page de mon cahier.

« *Ma chère petite maman. Ils ont fini par m'emmener avec eux. Ne te fais pas de Mauvais Sang. Garde-moi de la crème fouettée. Je te fais deux mille bises.* »*

Je mis ce papier bien en évidence sur la table de la cuisine. Puis je glissai dans ma musette un morceau de pain, deux barres de chocolat, une orange. Enfin, serrant le manche du couteau pointu, je m'élançai sur la piste des fusilleurs.*

Je ne les voyais plus, et je n'entendais rien. Mais pour un Comanche, les retrouver ne serait qu'un jeu.*

Je montai la pente en courant aussi légèrement que je pus, jusqu'à l'orée de la pinède. Je m'arrêtai, j'écoutai: il me sembla percevoir, plus haut, un bruit de pas dans les pierres. Je repris ma course, en rasant les fourrés. J'arrivai à la fin de la première pinède, au bord d'un plateau: on y avait, jadis, cultivé des vignes. Des sumacs, des romarins, des cades* les avaient remplacées. Mais cette végétation n'était pas très haute, et je vis au loin la casquette et le béret. Ils avaient encore le fusil à l'épaule, et marchaient toujours d'un bon pas. Près d'un grand pin, ils s'arrêtèrent: le béret descendit sur le flanc du coteau, vers la gauche, tandis que la casquette continua tout droit. Mais elle montait et plongeait tour à tour, comme une casquette qui marche pas à pas, sur la pointe des pieds. Je compris que la chasse était commencée... Mon cœur battit plus vite... Je retins mon souffle, et j'attendis.

Une détonation puissante éclata soudain, et se répercuta longuement, en sautant d'un écho à l'autre, contre les à-pics du vallon... Je courus au pin le plus proche, et j'y grimpai, épouvanté. Je m'assis à califourchon sur une grosse branche, craignant l'apparition subite d'un sanglier blessé, celui-là même qui avait dévidé sur dix mètres les entrailles du braconnier manchot.

Comme rien ne paraissait, je craignis alors qu'il ne fût en train d'éventrer mon père, et je priai Dieu — s'il existait — de le diriger plutôt sur mon oncle, qui croyait au Paradis et mourrait, par conséquent, plus volontiers.

Mais le béret apparut sur ma gauche, au-dessus d'un cade: il tenait en l'air, à bout de bras, un oiseau noir, de la taille d'un petit pigeon, et il criait: « C'est un beau merle! » La casquette, émergeant d'une forêt de genêts, vint rapidement vers lui. Ils semblèrent se concerter, puis se séparèrent de nouveau.

Je me laissai glisser jusqu'au sol, et je tins conseil avec moi-même.

Fallait-il descendre derrière eux au fond du vallon? La hauteur des broussailles m'empêcherait de voir la chasse et d'autre part — comme l'avait dit mon père — je m'exposais à recevoir par erreur un coup de fusil.

Tandis que si je continuais à suivre la crête, juste au bord de la barre,* mais derrière les térébinthes, je pourrais tout voir sans être vu. De plus, au cas où ils blesseraient un sanglier, je serais hors de ses atteintes, et je pourrais même achever le monstre en faisant tomber sur lui des blocs de rocher. Je filai donc à travers les kermès, qui griffaient mes mollets, les cades et les genévriers... Je fis d'abord un assez grand détour sur le plateau, puis je me glissai sous le fourré, et je parvins au bord de l'à-pic.

Ils étaient au fond d'un large vallon de roches bleues. Au milieu, le lit — à sec — d'un ruisseau des pluies. Peu d'arbres, mais des fourrés d'argéras* qui leur arrivaient à la ceinture.

De mon côté, mon père marchait à mi-pente. Il tenait son fusil pointé devant lui, la crosse sous le coude, la main droite sur la gâchette, la main gauche sous le pontet. Il avançait à pas prudents, le dos voûté, enjambant les broussailles.

Il était beau à voir (beau et menaçant) et je fus assez fier de lui. Sur la pente d'en face, l'oncle suivait un chemin parallèle. De temps à autre, il s'arrêtait, ramassait une pierre, la lançait au fond du vallon, et attendait quelques secondes: je les voyais bien mieux que si j'avais été avec eux.

A la troisième pierre, un gros oiseau jaillit du fourré et fila comme une flèche vers l'arrière de la chasse. Avec une rapidité merveilleuse, l'oncle épaula, visa, tira: l'oiseau tomba comme une pierre, suivi par quelques plumes, qui descendirent lentement dans le soleil.

Mon père, au pas de course, et sautant par-dessus les épines, alla ramasser le gibier, et le montra de loin à l'oncle qui cria: « C'est une bécasse! Mettez-la dans votre carnier, et reprenez votre ligne, à vingt mètres de la falaise. »*

Cette adresse, ce sang-froid, cette maîtrise échauffèrent mon enthousiasme, et je sentis fondre ma rancune: un Buffalo-Bill* a le droit de mentir!

Ils continuèrent leur marche: mais comme ils avaient dépassé mon

observatoire, je me retirai avec précaution, et sur l'immense plateau de garrigue, je décrivis un nouvel arc de cercle afin de les dépasser à mon tour. Le soleil étincelait, à deux mètres au-dessus de l'horizon, et je courais dans l'odeur des lavandes matinales que j'écrasais au passage.

Quand il me sembla que j'étais plus loin qu'eux, je rabattis ma course* vers la barre: mais tout à coup, je vis courir devant moi une sorte de poulet doré, qui avait des taches rouges à la naissance de la queue. L'émotion me paralysa: un perdreau! C'était un perdreau!... Il filait aussi vite qu'un rat, et disparut dans un cade énorme. Aveuglément, je m'élançai à travers ces rameaux sans épines. Mais des plumes rouges couraient déjà de l'autre côté, car le poulet n'était pas seul: j'en vis deux autres, puis quatre, puis une dizaine... J'obliquai alors vers ma droite, pour les forcer à fuir vers la barre, et cette manœuvre réussit; mais ils ne prirent pas leur vol, comme si ma présence désarmée n'exigeait pas les grands moyens. Alors, je ramassai des pierres et je les lançai devant moi: un bruit énorme, pareil à celui d'une benne de tôle qui vide un chargement de pierres, me terrorisa; pendant une seconde, j'attendis l'apparition d'un monstre, puis je compris que c'était l'essor de la compagnie, qui fila vers la barre, et plongea dans le vallon.

Comme j'arrivais au bord de l'à-pic, deux détonations presque simultanées retentirent. Je vis mon père, qui venait de tirer, et qui suivait du regard le vol plané des belles perdrix... Mais toutes glissaient dans l'air du matin, sans le moindre frémissement...

C'est alors que, d'une grande touffe de genêts, surgit le béret, qui était surmonté d'un fusil. Il tira posément: la première perdrix bascula sur la gauche, et tomba, décrochée du ciel. Les autres firent un crochet vers la droite: le fusil décrivit un quart de cercle, et le second coup retentit: une autre perdrix parut exploser, et s'abattit presque à la verticale. A voix basse, je criai de joie... Les deux chasseurs, après quelques recherches, ramassèrent les victimes, qui étaient à 50 mètres l'une de l'autre, et les brandirent à bout de bras. Mon père criait: « Bravo! » Mais pendant qu'il mettait la perdrix dans son carnier, je le vis faire un petit saut sur place, et retirer fébrilement les douilles vides de son fusil: un beau lièvre, qui

venait de lui passer entre les jambes, n'attendit pas la fin de l'opération et s'enfonça dans la broussaille, la queue en l'air et les oreilles droites... L'oncle Jules levait les bras au ciel:

— Malheurreux! il fallait recharrger tout de suite! Dès qu'on a tirré, on rrecharrge! ! !

Mon père, navré, ouvrit des bras de crucifié, et rrecharrgea trristement.

Pendant toute l'affaire, j'étais debout au bord de la barre mais les chasseurs, hypnotisés par les perdrix, ne m'avaient pas vu. Je compris soudain mon imprudence, et quelques pas en arrière me cachèrent de nouveau.

J'étais consterné par notre échec, qui prit pour moi les proportions d'une catastrophe. Il avait manqué deux fois le « coup du roi », et ce lièvre, pour se moquer de lui, l'avait forcé à battre un petit entrechat* avant de lui montrer son derrière. C'était d'un comique navrant.

Je lui cherchai aussitôt des excuses: comme il était juste sous la barre, il n'avait pas eu le temps de voir venir les perdreaux, tandis que l'oncle Jules avait pu tirer comme à l'exercice.*

D'autre part, il ne connaissait pas encore son fusil et l'oncle Jules avait bien dit que c'était le plus important... Enfin, c'était sa première sortie, sa première émotion de chasse, et c'est pourquoi il n'avait pas pensé à « rrecharrger ». Mais en fin de compte, je fus bien forcé de reconnaître que cet épisode justifiait toutes mes craintes: je résolus de ne jamais en parler à personne, et surtout pas à lui.

Qu'allait-il se passer maintenant? Allait-il réussir un coup honorable? Lui, mon père, maître d'école, examinateur au Certificat, qui tirait si bien aux boules, et qui jouait souvent aux dames contre l'illustre Raphaël* devant un cercle de connaisseurs, allait-il rentrer *bredouille*, tandis que l'oncle Jules serait tapissé de perdrix et de lièvres comme la devanture d'un magasin? Non, non! cela ne serait pas: je le suivrais toute la journée, et je lui enverrais tant de volatiles, et de lapins, et de lièvres, qu'il finirait bien par en tuer un!

J'avais fait ces réflexions, adossé à un pin où les petites cigales noires des collines, dans le parfum de la résine chaude, sciaient des

roseaux bien secs, et je mâchais nerveusement une brindille de romarin. Je repris ma route, pensif, les mains dans les poches, la tête basse. Un coup de fusil assourdi par la distance me tira de mes réflexions. Je courus vers le bord de la barre. Les chasseurs étaient déjà loin : ils arrivaient au bout du vallon, qui débouchait sur une grande plaine rocheuse... Je courus pour les rattraper : mais je les vis tourner sur la droite, et disparaître dans une pinède, derrière la base du Taoumé, qui se dressait maintenant devant moi.

Je décidai de descendre au fond du vallon, et de suivre leurs traces... Mais la barre avait bien cent mètres à pic, et je ne voyais aucune cheminée.* Je pensai alors à revenir sur mes pas, pour retrouver le chemin qu'ils avaient pris quand je les avais quittés : mais nous avions marché plus d'une heure. Je calculai qu'il me faudrait au moins vingt minutes pour revenir — au pas de course — jusqu'à mon point de départ. J'aurais ensuite à remonter tout le vallon, où il me serait difficile de courir, à cause des genêts épineux qui s'élevaient plus haut que ma tête ; soit,* une bonne demi-heure. Et pendant tout ce temps, où seraient-ils allés ? Je m'assis sur une pierre, pour réfléchir à la situation.

Fallait-il donc, tout bêtement, rentrer à la maison ? J'y* perdrais sans aucun doute la considération de Paul, et ma mère me consolerait avec une tendresse humiliante. Il me resterait cependant la gloire d'une tentative courageuse, et d'un retour périlleux qu'un récit pourrait embellir. Mais avais-je le droit d'abandonner Joseph, seul avec son fusil ridicule, derrière ses lunettes de myope, pour lutter contre le roi des chasseurs ? Non. Cette trahison serait pire que la sienne.

Le problème était donc de les rejoindre... N'allais-je pas me perdre dans ces solitudes ?

Mais je repoussai en ricanant cette crainte enfantine : il n'y avait qu'à garder le sang-froid et la détermination d'un vrai Comanche. Puisqu'ils avaient contourné le pic par la base, en allant de gauche à droite, je les rencontrerais forcément si je marchais tout droit devant moi. J'examinai la masse du Taoumé. Elle était considérable, et la distance à parcourir serait sans doute assez longue. Je décidai de ménager mes forces, en adoptant le trot léger des Indiens : les coudes

au corps, les mains croisées sur la poitrine, les épaules en arrière, la tête baissée. Courir* sur la pointe des pieds. Un arrêt tous les cent mètres, pour écouter les bruits de la forêt, et faire* trois inspirations calmes et profondes.

Avec une détermination tout à fait indienne, je pris le départ.

La pente qui montait devant moi était maintenant à peine sensible. Le sol n'était qu'une immense dalle de calcaire bleuté, sillonnée de fentes toutes brodées de thym, de rue et d'aspic...* De temps à autre, sortant de la pierre nue, un cade gothique* ou un pin, dont le tronc, épais et noueux, contrastait avec la petite taille de l'arbre, qui n'était guère plus grand que moi: on voyait que cet affamé soutenait depuis des années une lutte farouche contre la dure pierre, et qu'une seule goutte de sève devait lui coûter des jours de patience. A ma gauche, le sommet du Taoumé, à force d'avoir trempé dans le ciel, était d'un bleu pâle, un bleu de lessive,* et je trottais vers son épaule gauche, à travers un air vaporeux que la chaleur faisait danser. Tous les cent mètres, selon *le rite* indien, je m'arrêtais et je gonflais ma poitrine trois fois.

Au bout de vingt minutes, j'arrivai sous le pic, et le paysage changea. Le plateau rocheux était coupé par l'amorce d'un ravin sauvage: entre les blocs éboulés, de grands pins et de hautes broussailles. J'en atteignis facilement le fond, mais il me fut impossible de franchir la barre opposée: la distance m'avait trompé sur* sa hauteur; je suivis donc le pied de la falaise, sûr que j'étais d'y trouver une cheminée.

Le trot du chef indien fut alors ralenti par les rideaux de clématites, et les enchevêtrements de térébinthes. Les petites feuilles du chêne-kermès, qui portent, sur les bords, quatre piquants symétriques, se glissaient dans mes espadrilles, dont le côté bâille un peu quand on marche sur la pointe des pieds: je m'arrêtais de temps à autre pour me déchausser, et je les vidais en battant le rocher.

A chaque instant, des oiseaux s'envolaient sous mes pas, ou sur ma tête... Autour de moi, je ne pouvais voir à plus de dix mètres. Les arbres, les fourrés, et les deux parois de la gorge me cachaient le reste de l'univers.

Je commençai à être vaguement inquiet: c'est pourquoi je pris, dans ma musette, le redoutable couteau pointu, dont je serrai fortement le manche dans mon poing.

L'air était calme, et les puissantes odeurs de la colline, comme une invisible fumée, emplissaient le fond du ravin. Le thym, l'aspic, le romarin verdissaient l'odeur dorée de la résine, dont les longues larmes immobiles brillaient dans l'ombre claire sur les écorces noires; je marchais sans le moindre bruit dans le silence de la solitude, quand des sons effrayants éclatèrent à quelques pas de moi.

C'était une cacophonie de trompettes éperdues, de sanglots déchirants, de cris désespérés. Ces sons mystérieux étaient d'une intensité de cauchemar, et les échos successifs de la gorge les amplifiaient en les multipliant.

Je demeurai figé sur place,* tout tremblant, glacé de peur. Le tintamarre s'arrêta soudain, dans un silence immobile, qui me parut plus terrible encore. A ce moment, derrière moi, en haut de la barre, la course d'un lapin fit rouler une pierre: elle tomba sur un clapier* de cailloux bleus, qui formait un éventail sur la pente raide d'une sorte de balcon. Le clapier se mit en marche, dans un bruit de grêle et de désastre, et coula jusqu'à mes talons submergés. Alors le malheureux chef comanche bondit comme une bête surprise, et se trouva tout à coup accroché au milieu d'un pin, dont je serrai le tronc contre mon cœur, comme si c'eût été ma mère. Je respirai profondément, j'écoutai le silence. J'aurais aimé entendre une cigale — il n'y en avait pas.

Autour de moi, les ramures étaient impénétrables. Je voyais, en bas, sur les ramilles sèches, briller la lame de mon couteau.

Je me préparais à descendre sans faire de bruit, lorsque la menaçante cacophonie éclata de nouveau, plus violente que la première fois. Pris d'une peur panique, je montai presque au sommet du pin, sans pouvoir contenir de faibles gémissements... Et tout à coup je vis, sur les plus hautes branches d'un chêne mort, une dizaine d'oiseaux étincelants: leurs ailes étaient d'un bleu très vif, coupé par deux raies blanches. Le col et le croupion, d'un beige clair, précédaient une queue noire et bleue, et le bec était jaune canari. Sans motif aucun, et comme pour le plaisir, la tête rejetée en arrière, ils hurlaient, criaient, gémissaient, miaulaient, avec une puissance démoniaque. La colère fit place à la peur. Je me laissai glisser jusqu'au pied de l'arbre. Je ramassai mon couteau, puis

une excellente pierre plate, et je courus vers l'arbre de ces aliénés. Mais au bruit de ma course, toute la bande prit son vol, et transporta dans un pin, en haut de la barre, son ridicule charivari.

Je m'assis sur le gravier brûlant, sous prétexte de vider, une fois de plus, mes espadrilles, mais en réalité pour me remettre de ces émotions, et je croquai une barre de chocolat.

J'écoutai longuement la colline: je n'entendis qu'un silence de mort. Quoi? Pas un seul chasseur le jour de l'ouverture? Je devais apprendre plus tard que les gens du pays ne sortaient jamais ce jour-là: comme ils eussent rougi de prendre un « permis » pour chasser sur des terres qui étaient leur patrie, ils craignaient le zèle des gendarmes d'Aubagne, que l'ouverture excitait particulièrement.

Je regardai derrière moi, pour mesurer le chemin parcouru, et je vis, là-haut, dans le ciel, une montagne inconnue, dont le sommet rocheux s'allongeait sur au moins cinq cents mètres. C'était le Taoumé, mais comme je n'avais jamais vu que sa face, je ne le reconnus pas. Ainsi le premier astronome qui verra l'autre côté de la lune cataloguera un astre nouveau.

Je fus d'abord perplexe, puis inquiet. Je regardai encore, et de tous côtés. Je ne vis aucun repère: je décidai alors de retourner à la maison, ou plutôt vers la maison: car, pour sauver la face, je ne me montrerais pas. J'attendrais, à la lisière des pinèdes, le retour des chasseurs, et je rentrerais avec eux.

Je revins donc sur mes pas, ce qui me paraissait facile: j'avais compté sans la malice* des choses.

Les chemins qu'on laisse derrière soi en profitent pour changer de visage. Le sentier, qui partait vers la droite, a changé d'idée: au retour, il s'en va vers la gauche... Il descendait par une pente douce: le voilà qui monte comme un remblai, et les arbres jouent aux quatre coins.

Cependant, comme j'étais au fond d'une gorge, le doute n'était pas permis: il suffisait de faire demi-tour, et de remonter le ravin, sans tenir compte de cette sorcellerie.

Mon couteau à la main, je revins sur mes pas. En bon comanche, je cherchai mes traces: une empreinte, une pierre déplacée, une

branche brisée. Je ne vis rien, et je pensai à la merveilleuse intelligence du Petit Poucet,* génial inventeur de la piste préfabriquée: il était bien trop tard pour l'imiter.

J'arrivai soudain à une sorte de carrefour: le val se divisait en trois gorges qui remontaient en pied de poule jusqu'au flanc du mystérieux sommet... Je n'avais pas vu, à la descente, les deux autres... Comment cela s'était-il fait? Je réfléchis, tout en regardant tour à tour chacune des trois branches... Je compris tout à coup: les broussailles étaient plus hautes que moi; à la descente, regardant tout droit devant moi, je n'avais vu que le ravin que je suivais, et qui était, comme je l'ai dit, assez tortueux. Mais où était ma route? J'aurais dû raisonner et comprendre que j'étais descendu dans le premier ravin à ma gauche, puisque, sur le plateau, je n'avais traversé aucun des deux autres. Mais le malheureux chef comanche acheva de perdre le Nord*: il tomba assis par terre, et se mit à pleurer.

Cependant, je compris bien vite l'inutilité honteuse de ce désespoir: il fallait faire quelque chose, il fallait agir rapidement, comme un homme. Et d'abord, reprendre des forces, car, malgré l'incroyable dureté de mes mollets, je ressentais une très inquiétante fatigue.

A l'entrée de l'un des ravins, se dressait une yeuse à sept ou huit troncs, disposés en cercle, et ses ramures d'un vert sombre surgissaient d'un îlot de broussailles, où les déchirants* argéras se mêlaient aux chênes-kermès. Cette masse de verdure épineuse paraissait impénétrable: mais je baptisai mon couteau « machete »,* et j'entrepris de me frayer un passage.

Après un bon quart d'heure d'efforts, et mille piqûres fiévreuses, je franchis enfin le cercle défensif: je découvris, au milieu des troncs, un grand rond de « baouco ». Je m'y installai, avec un sentiment réconfortant de sécurité: j'étais invisible, et d'autre part, je notai que l'un des troncs permettait une escalade facile: avantage inappréciable en cas de sanglier blessé. Je m'étendis sur le dos dans l'herbe douce, les mains croisées sous ma nuque. Au centre de l'yeuse, il y avait un grand rond de ciel: au beau milieu, un oiseau de proie, presque immobile, surveillait le paysage.

Je pensai que ce vautour — ou ce condor — voyait en ce moment

même mon père et mon oncle en train de faire griller leurs côtelettes sur de la braise de romarin, car le soleil était au zénith.

Après un repos de quelques minutes, j'ouvris ma musette, et je mangeai, de grand appétit, mon pain et mon chocolat. Mais je n'avais rien apporté pour boire, et ma gorge était bien sèche.

J'eus bonne envie de dévorer l'orange. Mais un Comanche sait prévoir le mauvais sort,* et je la remis dans mon sac, car j'avais à ma disposition une autre ressource: je savais — par Gustave Aymard — qu'il suffisait de sucer un caillou pour ressentir une impression de fraîcheur délicieuse. La nature prévoyante, dans cette contrée privée de sources, n'avait pas épargné* les cailloux. J'en choisis un tout rond, bien lisse, et gros comme un pois chiche, et je le plaçai, selon la technique, sous ma langue...

Le ravin de droite montait vers le ciel; je vis qu'à cinq cents mètres devant moi, il s'arrêtait devant un éboulis en pente douce, qui me permettrait de monter sans doute sur un plateau: je pourrais enfin voir l'ensemble du paysage, peut-être le village, peut-être ma maison. Je repris aussitôt confiance, et je me mis en marche d'un pas léger.

Ce ravin était, comme l'autre, hérissé de broussailles, mais le cade et le romarin y dominaient. Ces plantes paraissaient beaucoup plus vieilles que celles que j'avais vues jusqu'ici; je pus admirer un cade si large et si haut qu'il avait l'air d'une petite chapelle gothique, et des romarins bien plus grands que moi. Peu de vie, dans ce désert: une cigale des pins qui chantait assez mollement, et trois ou quatre petites mouches, d'un bleu d'azur, qui me suivirent, infatigables, en bourdonnant comme de grandes personnes.

Soudain, une ombre passa sur le taillis. Je levai la tête, et je vis le condor. Il était descendu du zénith, et il planait majestueusement: l'envergure de ses ailes me parut deux fois plus grande que celle de mes bras. Il s'éloigna, sur ma gauche. Je pensai qu'il était venu par curiosité pure, pour jeter un coup d'œil sur l'intrus qui osait pénétrer dans son royaume. Mais je le vis prendre un large virage en passant derrière moi et revenir sur ma droite: je constatai alors avec terreur qu'il décrivait un cercle dont j'étais le centre, et que ce cercle descendait peu à peu vers moi!

Alors, je pensai au vautour affamé qui suivit un jour, à travers la savane, le Chercheur de Pistes blessé, et sur le point de mourir de soif. « Ces féroces créatures suivent pendant des jours entiers le voyageur à bout de forces, et savent attendre patiemment sa dernière chute, pour arracher des lambeaux sanglants de sa chair encore palpitante ».

Je saisis alors mon couteau — que j'avais eu l'imprudence de remettre dans ma musette — et je l'aiguisai ostensiblement* sur une pierre. Il me sembla que le cercle de la mort cessait de descendre. Puis, pour montrer à la bête féroce que je n'étais pas à bout de forces, j'exécutai une danse sauvage, terminée par de grands éclats de rire sarcastiques, si bien répercutés par les échos du ravin qu'ils m'effrayèrent moi-même... Mais cet arracheur de lambeaux sanglants n'en parut pas intimidé, et reprit sa descente fatale. Je cherchai des yeux — ces yeux qu'il devait crever de son bec recourbé

— un refuge: ô bonheur! A vingt mètres sur ma droite, une ogive s'ouvrait dans la paroi rocheuse. Je dressai mon couteau la pointe en l'air, et criant des menaces d'une voix étranglée, je me dirigeai vers l'abri de la dernière chance... Je marchais tout droit devant moi, à travers les cades et les romarins, les mollets déchirés par les petits kermès, dans le gravier des garrigues qui roulait sous mes pieds... L'abri n'était plus qu'à dix pas: hélas, trop tard! Le meurtrier venait de s'immobiliser, à vingt ou trente mètres au-dessus de ma tête: je voyais frémir ses ailes immenses, son cou était tendu vers moi... Soudain, il plongea, à la vitesse d'une pierre qui tombe. Fou de peur, et mes yeux cachés derrière mon bras, je me lançai à plat ventre sous un gros cade, avec un hurlement de désespoir. Au même instant retentit un bruit terrible, le bruit roulant* d'un tombereau qui se décharge: une compagnie de perdrix s'envolait, épouvantée, à dix mètres devant moi, et je vis remonter l'oiseau de proie: d'un vol ample et puissant, il emportait dans ses serres une perdrix tressaillante, qui laissait couler dans le ciel une traînée de plumes désespérées.

Je contins à grand-peine quelques sanglots nerveux, que le Cœur Loyal* eût blâmés, et quoique le danger fût passé, j'allai me réfugier dans l'abri, pour essayer d'y retrouver mon sang-froid.

C'était une crevasse en forme de tente, à peine plus haute que moi, et large d'environ deux pas. Je donnai quelques coups de pied dans la baouco qui tapissait le sol, puis, assis contre la paroi, j'examinai la situation.

Je compris d'abord que le vautour n'avait jamais eu l'intention de m'attaquer, mais qu'il suivait les perdrix: ces malheureux volatiles avaient fui longuement devant moi, sans oser prendre leur essor, à cause du meurtrier volant, qui les attendait à la sortie... Cette théorie me rassura sur la suite des événements: le vautour ne reviendrait plus.

Je me félicitai ensuite d'avoir choisi, pour calmer ma soif, un caillou bien lisse et bien rond, car je constatai que, dans mon désarroi, je l'avais avalé.

La peau de ma joue droite me « tirait ». J'y portai la main, pour la frictionner, mais ma paume y resta collée: en m'appuyant

contre le pin, quand les oiseaux bleus m'avaient fait peur, je l'avais enduite de résine. Je savais, par expérience, que si l'on ne disposait pas d'huile ou de beurre, il n'y avait rien à faire, qu'à supporter ces tiraillements,* et cette sensation d'avoir une joue en carton. Mais quand on a choisi l'état de Comanche, d'aussi petites misères ne devraient même pas être mentionnées.

L'état de mes mollets était plus inquiétant. Ils étaient striés de longues raies rouges, qui se croisaient comme les fils d'un grillage, et un grand nombre de fines épines y étaient encore plantées. Patiemment, je les arrachai l'une après l'autre, entre deux ongles. Puis, comme tant de petites blessures me brûlaient, j'allai cueillir quelques plantes: chacun sait que les plantes des collines cicatrisent rapidement les plaies... Je dus sans doute me tromper de plantes, car après une bonne friction avec du thym et du romarin, je ressentis de si vives brûlures que je me mis à danser, en poussant des cris de douleur... Pour me réconforter, je mangeai aussitôt la moitié de l'orange, ce qui me fit le plus grand bien.

Je tentai alors de monter sur le plateau, mais l'ascension de l'éboulis final fut plus difficile que je ne pensais, et je découvris que les éboulis ont une tendance naturelle à s'ébouler: lorsque j'arrivais presque au sommet, en avançant à quatre pattes, je repartais en arrière, sur un tapis roulant de cailloux. J'allais désespérer de mon succès final, lorsque je découvris une cheminée praticable, un peu étroite pour un homme, mais faite pour moi.

J'arrivai enfin sur le plateau. Il était immense et fort pauvrement boisé: toujours des kermès, des romarins, des cades, du thym, de la rue, des lavandes. Toujours les petits pins au tronc noué, penchés dans le sens du* mistral, et les grandes dalles de pierres bleues. Je fis le tour de l'horizon*: j'étais entouré de collines, cernées elles-mêmes par un cercle lointain de montagnes que je ne connaissais pas.

Je décidai qu'il fallait d'abord m'orienter. Mon père m'avait dit cent fois: « Si tu regardes le levant, bien en face, le couchant est derrière toi. A ta gauche, tu as le Nord; à ta droite, le Midi. C'est simple comme bonjour! »

Eh oui, très simple. Mais où était le levant? Je regardai le soleil. Il avait quitté le milieu du ciel, et comme je savais que midi était passé, je fus assez content d'avoir découvert le couchant.

Je lui tournai donc le dos, j'étendis les bras, et j'affirmai à haute voix: « A ma droite le Midi. A ma gauche le Nord. »

Après quoi, je m'aperçus que, faute d'un point de repère, cette merveilleuse connaissance ne pouvait me servir à rien. Dans quelle direction était ma maison? Ces maudits ravins m'avaient fait faire un grand nombre de détours... Je fus absolument découragé, et d'un découragement si profond et si désespéré que je décidai de jouer à autre chose.

Je commençai par lancer des pierres, à la façon des bergers, en frappant mon poignet contre ma hanche. Sur ce plateau, il y avait un choix merveilleux de cailloux minces, parfaitement plats, et de toutes les dimensions. Ils filaient dans les airs en tournant sur eux-mêmes avec une aisance prodigieuse. A mesure que je mettais au point* ma technique, ils volaient de plus en plus loin. Le dixième frappa un cade, d'où surgit un admirable lézard vert, qui était aussi long que mon bras... Il fila comme une longue émeraude et disparut dans un bouquet de genévriers... Je courus, une pierre dans chaque main. Pour effrayer le lézard, je lançai la première. Au même instant, je vis jaillir de la verdure compacte une extra-ordinaire créature, grosse comme un rat des champs, qui fit un bond d'au moins cinq mètres, pour retomber sur une grande table de roches: elle n'y resta pas le quart d'une seconde, mais j'eus le temps de voir qu'elle était faite comme un minuscule kangourou: ses pattes de derrière, d'une longueur démesurée, étaient noires et lisses comme des pattes de poule, tandis que son corps était habillé

d'une fourrure beige, et surmonté de petites oreilles droites. Je reconnus une gerboise, car l'oncle Jules m'en avait fait la description. Elle jaillit de nouveau, légère comme un oiseau, et gagna en trois bonds une forêt en miniature de chênes-kermès. J'essayai en vain de l'y poursuivre: elle n'était plus nulle part, mais pendant que je la cherchais, je découvris une sorte de hutte conique, faite de pierres plates, et très ingénieusement disposées. Chaque rang circulaire avançait vers le centre, de la largeur d'un doigt, si bien qu'au sommet, les cercles diminués à chaque étage finissaient par se rejoindre. Le dernier laissait un vide grand comme une assiette, qui était couvert d'une belle pierre plate. La vue de ce refuge me rappela ma triste situation: le soleil descendait vers l'horizon, et cette hutte de berger me sauverait peut-être la vie...

Je n'y entrai pas tout de suite: chacun sait que dans la prairie, une cabane abandonnée cache parfois le Sioux ou l'Apache,* dont le tomahawk est dressé dans l'ombre, prêt à fendre le crâne du voyageur trop confiant... D'autre part, je pouvais y trouver un serpent, ou des araignées venimeuses.

A travers le trou qui servait d'entrée, je plongeai un rameau de pin, que j'agitai dans tous les sens, en proférant quelques menaces. Le silence me répondit. Avisant une meurtrière, j'examinai l'intérieur. Il n'y avait rien, si ce n'est* une couche d'herbes sèches, sur laquelle un chasseur avait dû dormir.

Je me glissai dans la hutte, que je trouvai fraîche et sûre. Là, du moins, je pourrais passer la nuit à l'abri des fauves nocturnes, tels que le puma ou le léopard, mais je constatai avec inquiétude que le trou d'entrée n'avait pas de porte!... J'eus aussitôt l'idée de réunir un bon nombre de pierres plates et de le boucher par un petit mur, quand l'heure serait venue de me réfugier dans ma forteresse. J'abandonnai donc mon rôle de trappeur, et mon astuce de Comanche, et j'eus aussitôt la courageuse patience de Robinson.*

Première déconvenue: il n'y avait pas une seule pierre plate autour de la hutte. Où donc le berger avait-il trouvé celles qui lui avaient servi? Je compris dans un éclair de génie qu'il les avait prises là où il n'en restait plus. Je n'avais qu'à chercher plus loin: ce que je fis, avec succès...

Pendant que je transportais ces matériaux — qui m'écorchaient les mains — je pensais: « Pour le moment, personne n'a d'inquiétude. Les chasseurs me croient à la maison, et ma mère me croit avec eux... Mais quand ils vont rentrer, quelle catastrophe! Maman va peut-être s'évanouir! En tout cas, elle va pleurer. »

Sur quoi je me mis à pleurer moi-même, tout en serrant sur mon ventre écrasé une pierre parfaitement plate, mais qui pesait autant que moi.

J'aurais bien voulu, comme Robinson, « adresser au Ciel une fervente prière », pour obtenir l'appui de la Providence. Mais des prières, je n'en savais pas. Et puis, la Providence — qui n'existe pas, mais qui sait tout — n'avait que fort peu de raisons de s'intéresser à moi.

Cependant, j'avais entendu dire: « Aide-toi, le Ciel t'aidera. » Je pensai donc que mon courage valait une prière et je continuai, tout en pleurant, mes transports.* « Ce qui est sûr », pensai-je, « c'est qu'ils vont se mettre à ma recherche... Ils alerteront les paysans, et quand la nuit sera tombée, je vais voir monter vers moi un long rang de torches « de bois résineux ». Ce qu'il faudrait, ce serait que je puisse allumer un feu, « sur le plus haut rocher de la montagne ».

Par malheur, je n'avais pas d'allumettes. Quant au procédé indien, qui réussit, sans la moindre difficulté, à faire flamber de la mousse sèche par le simple frottement de deux morceaux de bois, j'avais essayé plusieurs fois de le mettre en pratique: même avec l'aide de Paul — qui s'époumonait à souffler* — je n'avais jamais pu obtenir la moindre étincelle: j'avais considéré mon insuccès comme définitif, parce que dû au manque d'un bois spécialement américain, ou d'une espèce particulière de mousse. La nuit serait donc noire et terrible, peut-être la dernière de ma vie?

Voilà où m'avaient mené ma désobéissance, et la félonie* de l'oncle Jules.

Alors me revint en mémoire une phrase que mon père répétait souvent, et qu'il m'avait fait copier plusieurs fois quand il me donnait des leçons d'écriture (cursive, ronde, bâtarde)*: « Il n'est pas besoin d'espérer pour entreprendre, ni de réussir pour persévérer. »

Il m'en avait longuement expliqué le sens, et m'avait dit que c'était la plus belle phrase de la langue française.

Je la répétai plusieurs fois, et comme par une formule magique, je sentis que je devenais un petit homme. J'eus honte d'avoir pleuré, honte d'avoir désespéré.

Je m'étais perdu dans la colline: la belle affaire!* Depuis mon départ de la maison, j'avais presque toujours monté des pentes assez raides. Je n'avais qu'à redescendre, et je trouverais certainement un village, ou du moins une route civilisée.

Je mangeai gravement* la seconde moitié de l'orange, puis, les mollets brûlants et les pieds meurtris, je m'élançai au pas de course sur la faible pente du plateau.

Je me répétais la phrase magique, et je bondissais par-dessus les cades et les genévriers. Sur ma droite, le soleil commençait à rougeoyer, derrière des écharpes de nuages,* comme sur les boîtes de confiseries que donnent les tantes à la Noël.

Je courus ainsi plus d'un quart d'heure, d'abord léger comme une gerboise, puis comme une chèvre, puis comme un veau, et je m'arrêtai pour reprendre haleine. En me retournant, je constatai que j'avais parcouru au moins un kilomètre, et que je ne voyais plus les trois ravins, engloutis dans l'immense plateau.

En revanche, du côté du couchant, il me sembla distinguer la rive* opposée d'un vallon. Je m'approchai d'un pas de promeneur, pour économiser mes forces avant de reprendre ma course.

Oui, c'était bien un vallon, qui se creusait à mesure que je m'approchais. Peut-être était-ce celui du matin?

J'avançai, écartant les térébinthes et les genêts, qui étaient aussi grands que moi... J'étais encore à cinquante pas de la barre, lorsqu'une détonation retentit, puis, deux secondes plus tard, une autre! Le son venait d'en bas: je m'élançai, bouleversé de* joie, lorsqu'un vol de très gros oiseaux, jaillissant du vallon, piqua droit sur moi... Mais le chef de la troupe chavira soudain, ferma ses ailes, et traversant un grand genévrier, vint frapper lourdement le sol. Je me penchais pour le saisir, quand je fus à demi-assommé par un choc violent qui me jeta sur les genoux: un autre oiseau venait de me tomber sur le crâne, et je fus un instant ébloui. Je

frottai vigoureusement ma tête bourdonnante: je vis ma main rouge de sang. Je crus que c'était le mien, et j'allais fondre en larmes, lorsque je constatai que les volatiles étaient eux-mêmes ensanglantés, ce qui me rassura aussitôt.

Je les pris tous deux par les pattes, qui tremblaient encore du frémissement de l'agonie.

C'étaient des perdrix, mais leur poids me surprit: elles étaient aussi grandes que des coqs de basse-cour, et j'avais beau hausser les bras, leurs becs rouges touchaient encore le gravier.

Alors, mon cœur sauta dans ma poitrine: des bartavelles! Des perdrix royales! Je les emportai vers le bord de la barre — c'était peut-être un doublé de l'oncle Jules?

Mais, même si ce n'était pas lui, le chasseur qui devait les chercher me ferait sûrement grand accueil, et me ramènerait à la maison: j'étais sauvé!

Comme je traversais péniblement un fourré d'argéras, j'entendis une voix sonore, qui faisait rouler les R aux échos: c'était celle de l'oncle Jules, voix du salut, voix de la Providence!

A travers les branches, je le vis. Le vallon, assez large et peu boisé, n'était pas très profond. L'oncle Jules venait de la rive d'en face, et il criait, sur un ton de mauvaise humeur:

— Mais non, Joseph, mais non! Il ne fallait pas tirrer! Elles venaient vers moi! C'est vos coups de fusil pour rrien qui les ont détournées!

J'entendis alors la voix de mon père, que je ne pouvais pas voir, car il devait être sous la barre:

— J'étais à bonne portée, et je crois bien que j'en ai touché une!

— Allons donc, répliqua l'oncle Jules avec mépris. Vous auriez pu peut-être en toucher une, si vous les aviez laissé passer! Mais vous avez eu la prétention de faire le « coup du roi » et en doublé! Vous en avez déjà manqué un ce matin, sur des perdrix qui voulaient se suicider, et vous l'essayez encore sur des bartavelles, et des bartavelles qui venaient vers moi!

— J'avoue que je me suis un peu pressé, dit mon père, d'une voix coupable... Mais pourtant...

— Pourtant, dit l'oncle d'un ton tranchant, vous avez bel et

bien* manqué des perdrix royales, aussi grandes que des cerfs-volants, avec un arrosoir* qui couvrirait un drap de lit. Le plus triste, c'est que cette occasion unique, nous ne la retrouverons jamais! Et si vous m'aviez laissé faire, elles seraient dans notre carnier!

—Je le reconnais, j'ai eu tort, dit mon père. Pourtant, j'ai vu voler des plumes...

— Moi aussi, ricana l'oncle Jules, j'ai vu voler de belles plumes, qui emportaient les bartavelles à soixante à l'heure, jusqu'en haut de la barre, où elles doivent se foutre de nous!*

Je m'étais approché, et je voyais le pauvre Joseph. Sous sa casquette de travers, il mâchonnait nerveusement une tige de romarin, et hochait une triste figure. Alors, je bondis sur la pointe d'un cap de roches, qui s'avançait au-dessus du vallon et, le corps tendu comme un arc, je criai de toutes mes forces: « Il les a tuées! Toutes les deux! Il les a tuées! »

Et dans mes petits poings sanglants d'où pendaient quatre ailes dorées, je haussais vers le ciel la gloire de mon père en face du soleil couchant.

Le porteur d'une bonne nouvelle, fût-il* un criminel, n'est jamais mal reçu.

Mon père me regardait d'en bas, avec un radieux sourire. Il ne dit pas autre chose que: « Toutes les deux, Jules, toutes les deux! »

Puis, prenant soudain conscience de la situation il s'écria: « Qu'est-ce que tu fais là? »

Mais sa voix n'exprimait qu'une surprise heureuse.

Je lançai les oiseaux, l'un après l'autre, aux pieds du vainqueur, et je me laissai glisser dans une cheminée. En touchant le sol du vallon, je fis un petit bond de côté, car une grêle de cailloux m'avait suivi.

Cependant, mon père admirait ses oiseaux, et d'une main tremblante il cherchait la place des coups mortels.

L'oncle Jules me demanda sévèrement:

— Qu'est-ce que tu faisais si loin de la maison, à six heures du soir? Tu ne sais pas que tu pouvais te perdre?

— Et justement, je me suis perdu, dis-je... Je vais tout vous raconter. Mais d'abord, il faut me faire boire: je meurs de soif depuis ce matin...

— Comment? s'écria mon père. Tu n'as pas déjeuné à la maison?

— Non. Je vous ai suivis de loin. Je t'expliquerai, mais fais-moi boire. J'ai la langue gonflée... Ça m'empêche de parler...

— Il n'y a plus que du vin blanc, dit l'oncle.

Et il emplit un petit gobelet.

— Juste une gorgée, dit mon père. Tu boiras à la maison...

J'obéis, puis je racontai mon odyssée. Je leur appris, avec fierté, que c'était moi qui leur avais rabattu les premières perdrix.

— J'avais compris, dit l'oncle, qu'il y avait quelqu'un là-haut. Mais je croyais que c'était un chasseur... Ta désobéissance nous a donc servi à quelque chose: je ne t'approuve pas, mais je dois le reconnaître.

— Et les bartavelles! dit mon père, qui soufflait dans leurs plumes pour admirer leur chair. Sans lui, nous ne les aurions jamais retrouvées, ni même cherchées. Et moi, je rentrais* bredouille, et déshonoré!

— Je vous aurais attribué les merles, dit généreusement mon oncle.

— Ce n'aurait été qu'un mensonge!

— Bah! dit l'oncle Jules, un mensonge de chasseur, ça ne mérite même pas d'être avoué en confession!

Nous étions assis tous les trois sur de grosses pierres.

— Qu'est-ce que tu as sur la figure? demanda brusquement mon père, comme s'il sortait d'un rêve.

— Ce n'est rien: c'est de la résine.

Alors, je racontai mon départ, silencieux, le billet laissé pour ma mère, mon intention de les rejoindre au Puits du Mûrier, et le terrible épisode du condor. Mon oncle rapetissa l'oiseau féroce aux proportions d'un épervier, et déclara qu'à l'âge de dix ans, il en avait tué deux à coups de pierre.

Écœuré, je ne parlai pas de mes craintes, de ma solitude, ni de mon désespoir, et je décidai de réserver ce récit pathétique à ma sensible mère, et à Paul l'attentif.

D'ailleurs, mon père m'écoutait à peine, à cause des bartavelles: il essuyait le sang qui coulait de leur·bec et lissait les longues plumes rouges.

L'oncle se leva:

— Mon cher Joseph, dit-il, je crois qu'il est temps de rentrer: pour ce premier jour, j'en ai plein les pattes!*

Moi aussi, j'en avais plein les pattes, et j'eus de la peine à me mettre debout.

Mon père me regarda avec tendresse, et caressa mes cheveux; puis il déchargea* son fusil, et me le tendit:

— Prends ça, me dit-il.

Je pris avec respect l'arme triomphale.

Il ouvrit ensuite son carnier, qui contenait déjà plusieurs pièces de gibier, et deux bouteilles vides.

— Il n'y a pas la place de les mettre là-dedans, décréta-t-il. Et puis, il serait bien dommage de les abîmer.

Avec deux bouts de ficelle, il les suspendit par le cou à sa cartouchière, l'une à sa droite, l'autre à sa gauche. Enfin il me présenta son dos, et se baissa, les mains aux genoux.

— Grimpe, crapaud!

Le grand fusil en bandoulière, je m'installai sur ses épaules. L'oncle Jules passa devant nous, l'œil et l'oreille aux aguets, pour un dernier exploit possible.

— Peut-être un lièvre, avait-il dit.

Je tremblais qu'il ne réussît,* car ce lièvre eût terni l'éclat des bartavelles: mais on ne vit pas la moindre oreille et, au moment où je m'y attendais le moins, en sortant d'une pinède, je découvris un peu plus bas, le toit de notre maison. Sur le bord du chemin, les oliviers de mes cigales... Je riais de plaisir, en tenant à poignée les cheveux bouclés de mon père... Comme nous passions devant l'olivier du lierre,* un très petit Sioux en sortit brusquement; il était couronné de plumes, et portait un carquois dans le dos: il nous tira, d'un air farouche, deux coups de pistolet, et s'enfuit vers la maison, en hurlant:

— Maman! ils ont tué des canards!

Sur quoi, ma mère et ma tante, qui cousaient sous le figuier, se levèrent et vinrent vers nous, suivies de « la bonne », et ce fut notre entrée triomphale.

Les trois femmes poussaient de petites exclamations de joie et d'admiration.

Pendant que je descendais du sommet de mon père, Paul, fort adroitement, avait détaché une bartavelle, qu'il porta dans ses bras vers les trois femmes.

Alors la bonne, les mains jointes, et les yeux au ciel, s'écria, pâmée:

— O bonne Mère!* La Perdrix du Roi!

Cependant, l'oncle Jules jetait à grand bruit sur la table de la terrasse deux poignées de merles et de grives, cinq ou six perdrix, et deux lapins. Sur quoi mon père vida à son tour son carnier, qui contenait trois perdrix et la bécasse, et il dit:

— Regardez, Rose, c'est Jules qui a tué tout ça!

— Et toi? demanda ma mère déçue. Tu as tout manqué?

— Moi, dit-il modestement, je n'ai tué que les bartavelles.

Et je vis bien qu'ils se réjouissaient dans leur cœur.

Je courus à « la glacière » — une caisse à savon qui contenait un bloc de glace — pour boire frais.* J'y trouvai, à côté de la carafe transpirante, deux compotiers pleins de crème fouettée, et je courus embrasser ma mère, qui insista pour me débarbouiller: après quatre savonnages, il fallut de l'huile d'olive (encore* me resta-t-il pendant huit jours, sur la joue droite, une grande tache brunâtre, assez répugnante et collante, mais de couleur tout à fait Sioux). Puis, ayant vu le triste état de mes mollets, elle m'installa sur une chaise-longue, flamba une aiguille au bout* d'une allumette, et commença à extraire les petites épines qui me chatouillaient cruellement. Tandis que Paul suivait de très près l'opération, en poussant à ma place des cris de douleur, je me laissais faire,* inerte et glorieux, comme un guerrier qui revient du combat.

Cependant mon père contait en détail les exploits de l'oncle Jules: son flair de chien de chasse, sa marche silencieuse, la sûreté de son jugement, l'extraordinaire rapidité de son tir et sa meurtrière justesse... L'oncle écoutait, devant sa femme ravie, et ma mère admirative. Au bout de cinq ou six strophes, il fut complètement débartavellisé,* et il se mit à chanter la gloire de Joseph: sa nervosité, ses premières maladresses, ses efforts pour se dominer, sa résistance à la fatigue, et enfin, sa merveilleuse inspiration, couronnement* d'une belle journée: il termina par une phrase qui fit briller les yeux noirs de ma mère:

— Un « coup du roi » doublé sur des perdrix royales, exécuté par un débutant, je peux dire qu'on n'a jamais vu ça!

Je voulus parler à mon tour, et dire ma propre louange, puisque les chasseurs m'oubliaient: mais tout à coup mes yeux se fermèrent, et je sentis que les doigts de ma mère ouvraient ma main, crispée sur le bras de la chaise-longue, puis elle m'emporta vers la maison. J'essayai de protester, au nom de la crème fouettée, mais je n'articulai que de faibles grognements, et la rencontre d'une bondissante gerboise, grande comme un lièvre, et toute blanche, m'entraîna en quatre bonds vers les ravins ombreux du sommeil.

Le lendemain matin, ma mère, sur un coin de la table de la cuisine, rédigeait la « liste » des commissions, c'est-à-dire des achats que mon père devait faire au village.

— Crapaud, me dit-il, prends ta musette, tu vas venir avec moi. La liste est longue, et je serai chargé! Ce n'est pas pour le poids, c'est pour le volume. J'ai l'intention de prendre mon fusil; j'ai repéré un épervier qui tourne souvent au-dessus du poulailler de Madame Toffi. Si nous le voyons ce matin, nous lui dirons deux mots* en passant!

La liste finie, il la lut à haute voix. Cependant ma mère avait sorti les bartavelles du garde-manger et les posa sur la table:

— Que veux-tu faire? demanda-t-il d'un air inquiet.

— Je vais les plumer, et les vider, et nous les rôtirons ce soir.

— Malheureuse! Ce n'est pas de la volaille, c'est du *gibier*! Et quel gibier! Nous ne les mangerons que demain, car aujourd'hui, ce serait un crime! D'ailleurs, dit-il, il me vient une idée. J'ai bonne envie de les soumettre à l'expertise de Mond des Parpaillouns. Il ne faut jamais perdre une occasion de s'instruire, et ce vieux braconnier en sait certainement plus long que bien des naturalistes.

Il accrocha les deux oiseaux à sa ceinture, puis il prit son fusil et le mit à la bretelle.*

Nous partîmes fort gaîment. Je portais les trois musettes vides, et il marchait devant moi, explorant du regard les oliveraies* en escalier* qui bordaient la route. Nous vîmes quelques bandes de moineaux, mais le tueur de bartavelles dédaigna ces passereaux.*

J'étais tout heureux d'être avec lui, et grandement fier de son exploit — mais je m'efforçais de ne pas montrer cette vanité; je craignais une réprimande.

Un jour, M. Arnaud, qui était un pêcheur passionné, avait pris — à la ligne — une énorme « rascasse »: il avait apporté à l'école une photographie de son exploit.

A cette époque, une photographie était un document remarquable, qui perpétuait le souvenir de la première enfance, du service militaire, d'un mariage, ou d'un voyage à l'étranger.

Or, sur une sorte de carte postale, on avait vu M. Arnaud souriant, la poitrine bombée, une gaule dans sa main gauche, le bras droit levé vers le ciel, et tenant — par la queue — l'épineux poisson.

A table, mon père décrivit ce tableau triomphal, et il avait conclu:

— Qu'il soit content d'avoir pris une belle pièce,* je veux bien l'admettre, mais se faire photographier *avec un poisson*! Quel manque de dignité! De tous les vices, la vanité est décidément le plus ridicule!

Il ne l'avait pas dit avec violence, mais avec un sourire de pitié, qui avait ruiné mon admiration pour M. Arnaud: c'est pourquoi je considérais que notre visite à Mond des Parpaillouns n'avait d'autre but que scientifique.

Nous arrivâmes devant la petite ferme basse qu'habitait le célèbre Mond. Elle était précédée d'un champ inculte, où deux douzaines d'oliviers, fous de liberté, avaient l'air d'énormes broussailles, car Mond ne les taillait jamais.

Il était à cheval sur un banc, devant sa porte, sous le mûrier, et trempait, dans un seau de glu, de minces baguettes de bois. Il leva la tête: son épaisse tignasse de cheveux gris se prolongeait en une barbe de crin, blanche d'un côté, mais jaunie de l'autre par un mégot qui pendait au coin de sa bouche.

Ses yeux étaient noirs et perçants, ses mains velues marbrées de taches jaunes.

Il vit les bartavelles, se leva et s'avança, la bouche entrouverte.

— O bonne Mère! s'écria-t-il, qui c'est qui* vous a vendu ça? Mon père fit un petit sourire.

— Ça ne m'a coûté que deux coups de fusil.

— Un doublé? dit Mond incrédule. Un doublé de bartavelles?

— Eh oui, dit mon père — et, du bout de l'index, il lissa sa moustache noire.

— Et où ça?*

— Au vallon de Lancelot, juste sous la barre, du côté de Passe-Temps.

Mond avait pris les deux oiseaux, et les soupesait.

— Le plus étonnant, dit-il, c'est que vous les ayiez retrouvées.

— Pourquoi?

— Parce que ces bêtes-là, même mortes en l'air, ça vole encore cinq ou six cents mètres.

— Le petit était sur la barre. C'est lui qui les a vus tomber.

— Bravo, Pitchounet,* me dit Mond. Un de ces jours, je te mènerai chasser avec moi.

Il énonça, comme une règle de vie:

— Quand on n'a pas de chien, il faut avoir des enfants!

Alors, mon père posa mille questions sur les bartavelles, leur origine, leurs mœurs, la difficulté de leur approche, la rapidité de leur vol.

De ces questions, et des réponses du vieux Mond, il ressortit clairement qu'un doublé de bartavelles était un exploit sinon impossible, du moins très rare, et digne d'un « grand fusil ».*

Dès que cette vérité fut établie, nous quittâmes Mond — qui commençait à nous raconter ses propres réussites, avec une vanité qui me fit penser à celle de M. Arnaud — et nous descendîmes au village.

Mon père remit « la liste » à l'épicier, dans la petite boutique où se trouvaient déjà cinq ou six clientes. Mais l'épicier, la liste en main, ne regarda que les volatiles et s'écria: « Des coqs de bruyère! »

Mon père le détrompa, et lui dit quelques mots sur l'existence et les coutumes des bartavelles. L'épicier proposa de les peser: ce que mon père accepta de bonne grâce. L'opération eut lieu sous les yeux des commères assemblées.

La plus grosse atteignit 1.530 grammes, l'autre 1.260, car l'épicier voulut de la précision. Une vieille dame proprette (c'était la bonne de M. le Curé) conseilla de les bourrer de pèbre d'aï, avant de les mettre à la broche et de ne pas les rapprocher du feu dès le début de l'opération: le tournebroche ne devait s'avancer que par étapes, trois au minimum. Pour prix* de ces précieux conseils, elle demanda la permission de prendre une plume de la queue, qui fut ainsi volée à la coiffure d'un chef pawnie, et tous les nouveaux

arrivants regardaient avec respect le chasseur capable d'un si beau meurtre.*

Nous laissâmes la liste à l'épicier, qui se chargea de tout préparer, et mon père me dit: « Il faut que j'interroge Monsieur Vincent. »

M. Vincent était archiviste à la Préfecture et c'était un ami de l'oncle Jules: il passait ses vacances au village, où il était né.

Mais dans la rue, nous rencontrâmes le facteur, qui chassait lui-même sur les terres d'Allauch.* C'est lui qui nous arrêta, et je fus tout surpris de le voir masser le cou des bartavelles, entre son pouce et son index.

— Entre nous, dit-il à mi-voix, vous les avez prises au piège?

— Jamais de la vie! dit mon père. C'est un doublé, que j'ai eu la chance de réussir au « coup du roi ».

Mais le facteur était « jaloux* de la chasse », et il tâtait toujours le cou des volatiles, dans l'espoir d'y découvrir quelque fracture. Alors mon père, soufflant à rebrousse-plumes,* lui montra les mortelles blessures qu'il examina d'un air soupçonneux. Il fallut ensuite lui dire le calibre du fusil, le numéro des plombs, la distance, l'heure et le lieu. Enfin, il triompha de sa jalousie, et consentit à homologuer l'exploit.

— Monsieur, dit-il, je vous tire mon képi. Ces bêtes-là, je les poursuis depuis deux ans: j'y ai tiré cinq fois, et je n'en ai eu que quatre plumes! Permettez-moi de vous serrer la main!

Cependant, les enfants du village s'étaient assemblés, et disaient tout haut leur admiration.

En arrivant sur la placette, nous tombâmes sur M. le Curé. Il lisait son bréviaire près de la fontaine, tout en attendant, au son de sa cruche, qu'elle débordât.

L'arrivée de notre groupe lui fit lever la tête, et comme « ces gens profitent de tout », il fit à mon père un grand beau sourire, et dit, d'une voix agréable:

— Monsieur, si ces perdrix royales ne viennent pas de quelque marchand, permettez-moi de vous faire mon compliment!

C'était la première fois que je voyais mon père en face de l'ennemi sournois. A ma grande surprise, il lui répondit fort poliment:

— Ils viennent du vallon de Lancelot, Monsieur le Curé.

—J'en ai rarement vu d'aussi belles, dit M. le Curé, et j'incline à penser que le grand saint Hubert* était avec vous!

— Le grand saint Hubert, et mon calibre douze!

— Et aussi votre *adresse*! dit M. le Curé... Vous avez là un vieux mâle, et une poule de deux ans... Mon père était un grand chasseur, et c'est pourquoi je m'y connais assez bien. Cette perdrix n'est pas la *Caccabis Rufa*, qui est beaucoup plus petite. C'est la *Caccabis Saxatilis*, c'est-à-dire la perdrix des roches, qu'on appelle aussi la perdrix grecque, et en Provence, la bartavelle.

— D'où vient ce nom? demanda mon père.

— Hé bien, dit le prêtre, je vais vous paraître bien savant, mais je dois vous avouer que mon érudition est de fraîche date. Un paysan m'ayant parlé hier de bartavelles, j'ai eu la curiosité de chercher l'étymologie du mot. Et j'en suis heureux, puisque cette question vous intéresse. Mon dictionnaire dit que c'est un mot français dérivé d'un vieux mot provençal, bartavélo, qui signifie une serrure grossière. L'oiseau serait* ainsi nommé à cause de son cri, qui est, paraît-il, un peu grinçant. Mais à mon très humble avis, cette explication n'est pas tout à fait satisfaisante. Je vais en parler à Monsieur le chanoine de la Major,* qui déjeune demain au presbytère, et s'il me dit quelque chose d'intéressant, j'aurai plaisir à vous le faire savoir. Excusez-moi, ma cruche est pleine, et la cloche m'appelle.

Il souleva fort poliment sa barrette, mon père souleva sa casquette, M. le Curé prit sa cruche et s'en alla.

Toujours suivis par les enfants, nous allâmes chez M. Vincent: on nous répondit qu'il était en ville, et qu'il ne rentrerait que le lendemain; cependant, mon père le rechercha dans tout le village, et il alla même au cercle, pour demander aux joueurs de boules s'ils ne l'avaient pas vu passer. Non, ils ne l'avaient pas vu, mais ils virent les bartavelles qu'on ne songea pas à leur cacher: ils en interrompirent leur partie, ils admirèrent, soupesèrent, et posèrent cent questions. Mon père fit deux cents réponses, et leur apprit qu'il ne s'agissait nullement de la *Caccabis Rufa*, mais *Saxatilis*.

Enfin, il voulut bien, à la demande générale, exécuter une

démonstration du « coup du roi », en insistant sur le fait qu'il fallait garder le canon « choke » pour le second coup. Ces explications techniques, qui auraient pu durer jusqu'au soir, furent heureusement arrêtées par l'horloge de l'église qui sonna midi sur nos têtes.

Comme nous allions chercher nos musettes chez l'épicier, nous rencontrâmes, encore une fois, M. le Curé. Il portait un appareil photographique qui avait la forme, les dimensions et l'élégance d'un pavé.

Il s'avança, tout souriant, et dit:

— Si cela ne vous dérange pas, je voudrais bien conserver un souvenir de cette admirable réussite.

— Un coup de chance,* dit mon père modestement, ne mérite peut-être pas un si grand honneur.

— Mais si, mais si! Je me ferai un plaisir de vous envoyer un tirage de cette image, qui sera un souvenir agréable des grandes vacances de cette année.

Mon père se prêta docilement aux exigences du photographe: il me montra qu'il en souffrait, mais qu'il n'osait pas être impoli. Il posa donc à terre la crosse de son fusil, appuya la main gauche sur le bout de canon, et de son bras droit, entoura mes épaules. M. le Curé nous regarda un instant, les yeux clignés: puis il s'avança, et fit tourner les « bartavelles » pour mettre en évidence leur ventre moucheté.

Enfin, il recula de quatre pas, appliqua l'appareil sur sa ceinture, baissa la tête et s'écria:

— Ne bougeons plus!*

J'entendis un déclic* aussi fort que celui d'une serrure, et M. le Curé compta:

— Un, deux, trois! Merci!

— Nous habitons aux Bellons, dit mon père, à la Bastide Neuve.

— Je sais, je sais! dit M. le Curé.

Puis il ajouta, sur un ton un peu pathétique:

— Comme je n'ai pas l'occasion de vous voir souvent — je confierai le tirage que je vous destine à Monsieur votre beau-frère, qui est le plus éminent de nos paroissiens. Au revoir, et encore une fois, tous mes compliments!

Il s'en alla, poli, amical, souriant, si sympathique que j'avais envie de le suivre, ce qui me fit comprendre quel danger ces fausses apparences représentaient pour la société.

Quand nous eûmes tourné le coin de la place, mon père me dit:

— Nous sommes dans un petit village: il eût été maladroit de refuser: c'était peut-être ce qu'il espérait, pour nous accuser, ensuite, de sectarisme.* Mais nous avons été plus malins que lui!

smart

Nous reprîmes d'un bon pas le chemin montant du retour.

Les oiseaux dansaient toujours à la ceinture de mon père, et comme ils étaient pendus par le cou, je lui dis qu'il avait tué des bartavelles, mais que nous finirions par manger des cygnes.

On les mit à la broche le lendemain — ce fut un repas historique, et presque solennel.

Il fut marqué cependant par un incident pénible: l'oncle Jules, dont l'appétit paysan faisait l'admiration de la famille, se cassa une dent — en porcelaine — sur un plomb n° 7, resté invisible dans la tendresse* d'un croupion. Mais il retrouva un beau sourire lorsque mon père déclara que le curé du village était un savant, et, de plus, un homme fort sympathique, dont la conversation l'avait charmé.

Le lendemain, comme nous partions pour la chasse, je vis que, renonçant à sa casquette, il avait mis un vieux chapeau de feutre marron, « à cause » dit-il, « du soleil qui, parfois, en traversant ses lunettes, l'éblouissait ». Mais je remarquai — sans rien dire — que la coiffe* du feutre était entourée d'un ruban — qu'on ne trouve pas sur une casquette — et que, dans ce ruban, étaient fichées deux jolies plumes rouges, symbole et souvenir du double « coup du roi ».

Depuis ce jour-là, au village, quand on parlait de mon père, on disait:

— Vous savez bien, ce Monsieur des Bellons?

— Celui qui a la grosse moustache?

— Non! l'autre! le Chasseur! Celui des Bartavelles!

* * *

Le dimanche suivant, comme l'oncle revenait de la messe, il tira de sa poche une enveloppe jaune.

— Voilà, dit-il, de la part de Monsieur le Curé.

Toute la famille accourut: l'enveloppe contenait trois épreuves de notre photographie.

C'était une réussite: les bartavelles étaient énormes, et Joseph

brillait dans toute sa gloire; il ne montrait ni surprise ni vanité, mais la tranquille assurance d'un chasseur blasé, à son centième doublé de bartavelles.

Pour moi, le soleil m'avait imposé une petite grimace, que je ne trouvai pas jolie: mais ma mère et ma tante y virent un charme de plus, et chantèrent longuement leur admiration totale.

Quant à l'oncle Jules il dit gentiment:

— Si vous n'y voyez pas d'inconvénient, mon cher Joseph, j'aimerais bien garder la troisième épreuve, car Monsieur le Curé m'a dit qu'il l'avait tirée à mon intention...

— Si cette bagatelle peut vous faire plaisir... dit mon père.

— Oh oui! dit tante Rose avec enthousiasme. Je la ferai mettre sous verre,* et nous la placerons dans la salle à manger!

Je fus fier à la pensée que nous serions éclairés tous les soirs par la luxueuse lumière du Gaz. Quant au cher Joseph, il ne montrait aucune confusion. Le menton de ma mère appuyé sur son épaule, il regarda longuement l'image de son apothéose, tout en justifiant la durée de cet examen par des considérations techniques. Il nous apprit que c'était du papier au citrate d'argent, qui a la propriété de noircir à la lumière solaire. Puis il déclara que l'éclairage était excellent, que la mise au point* était parfaite, et que M. le Curé connaissait fort bien son affaire. Il dit enfin, en me caressant les cheveux:

— Puisque nous avons deux épreuves, j'ai bien envie d'en envoyer une à mon père, pour lui montrer comme Marcel a grandi...

Le petit Paul battit des mains, et moi j'éclatai de rire. Oui, il était tout fier de son exploit; oui, il enverrait une épreuve à son père, et il montrerait l'autre à toute l'école, comme avait fait M. Arnaud.

J'avais surpris mon cher surhomme en flagrant délit d'humanité: je sentis que je l'en aimais davantage.*

Alors, je chantai la farandole,* et je me mis à danser au soleil...

NOTES

(The figures refer to pages. Words and phrases adequately dealt with in *Harrap's Shorter French and English Dictionary* are not listed here. *Abbreviations:* F: familiar, colloquial; P: popular, slang; V: vulgar; Prov.: Provençal term; dial.: dialectal; lit.: literally.)

15. mémorialiste: 'memorialist,' a writer of *mémoires*, 'memoirs,' a record of personal reminiscences.

la coulisse: 'the wings' (of a theatre); *dans la coulisse*, 'in the wings,' 'behind the scenes.' The plural is also used.

Raimu: the stage name of Jules Muraire (1883–1946), the famous stage and screen actor who began his career in the music-hall. His first great success came with his creation of the role of César in Pagnol's *Marius*, a success which he repeated in the film versions of the trilogy. In Pagnol's opinion he was an "acteur de génie," "le premier acteur du monde." Towards the end of his career, Raimu appeared at the Comédie-Française as M. Jourdain in *Le Bourgeois Gentilhomme* and as Argan in *Le Malade imaginaire*.

16. manifeste: 'shows his reactions.'

amortira: 'will soften the blow of.'

17. du troisième et dernier: i.e., *du troisième et dernier mille*.

19. Aubagne: in the Bouches-du-Rhône *département*; east of Marseilles and on the river Huveaune.

Plan: = *plateau élevé, plaine située sur le sommet d'une montagne*.

Marius: Caius Marius, the celebrated Roman general who in 102 B.C. overthrew the Teutones led by Teutobocchus near Aquae Sextiae (Aix-en-Provence). In memory of him many Provençal families still give the name of Marius to one of their children.

Sainte-Victoire: according to tradition, it was at the foot of the eminence later called la Montagne Sainte-Victoire (near Aix) that Marius halted the Teutones. The name is said to commemorate his great victory.

des Gaules: 'in Gaul' (i.e., *la Gaule cisalpine* and *la Gaule transalpine*).

l'Ouvèze: a small river in the *départements* of Drôme and Vaucluse.

tromblons: 'blunderbusses.'

espadons: 'espadons,' 'two-handed swords.'

colichemardes: a *colichemarde* is a kind of duellist's rapier with a triangular blade. The word is said to be a deformation of the name of its inventor Kœnigsmark (1639–1688).

artificiers: 'pyrotechnists.'

20. arrière-grand-oncle: 'great-great-uncle.'

soleils tournoyants: 'whirling Catherine-wheels.'

cartonnerie: 'cardboard factory.'

tour de France: formerly, before a workman or apprentice could become a fully qualified *compagnon* of one of the old trade guilds, he had to journey through the neighbouring provinces or across France exercising and perfecting his craft. A *compagnon* could proceed to the status of *maître* or *patron*.

maître-appareilleur: 'master bondman.' An *appareilleur* is a "maître-maçon qui surveille la coupe et la pose des pierres destinées à la construction" (P. Robert, *Dictionnaire alphabétique et analogique de la langue française*).

appareillées: 'bonded.' *Appareil*, 'bond,' is a method of disposing the bricks or stones in a wall, etc., by which the whole is bound into one compact mass.

embrèvements: 'joggle-joints.'

traits de Jupiter: 'scarf-joints.'

21. déjeuner sur l'herbe: 'for a picnic.'

pont du Gard: this famous monument, north-east of Nîmes, in the *département du Gard*, is part of a Roman aqueduct built in 19 B.C. and one of the finest examples of Roman bridge-building.

relevait des coupes: 'would make surveys of cross-sections.'

refoulé: 'hammered.'

se « saigna » . . . « aux quatre veines »: 'made great self-sacrifices,' 'pinched and scraped.' Cp. the English 'to bleed oneself white.' An equivalent expression is *se saigner aux quatre membres*.

École Normale . . . instituteur public: under the Third Republic the normal sequence of studies in the French primary system of education, centred round the *école communale*, was as follows: the *école maternelle* (ages 4 to 6) was followed by the *école primaire* (ages 7 to 12), where, after the *cours préparatoire*, the *cours élémentaire*, the *cours moyen* and the *cours supérieur*, the *certificat d'études primaires* was attempted. A successful candidate could then proceed to the three-year *cours complémentaire*, at the end of which came the examination for the *brevet élémentaire*. Those who stayed on for a fourth year and wished to enter the teaching profession could prepare for admission to an *École Normale primaire*, at which a three-year course, taken in three stages, led to the *brevet supérieur*. With this teacher's certificate, a successful candidate became an *instituteur public*.

22. anticléricalisme: during the early generations of the Third Republic the State teachers' training colleges were the fountain-head of much

anti-clerical Republican Radicalism, and the secular teaching of the *instituteurs* took on a distinct anti-clerical tendency in the schools.

chantant des fables, infernales ou paradisiaques: 'spinning fairy-tales about Hell or Paradise.'

les deux Borgia: the Spaniard Alfonso de Borgia was Pope Calixtus III from 1455 to 1458, and his nephew Rodrigo Borgia, father of Lucrezia Borgia, was Pope Alexander VI from 1492 to 1503. *Dignement* is, of course, used here ironically: Alfonso was notorious for nepotism, and Rodrigo was one of the most dissolute and corrupt popes of the Renaissance.

bilboquet: 'cup-and-ball,' an old-fashioned toy consisting of a cup at the end of a stem, with a ball attached; the ball had to be thrown and caught in the cup or on the spiked end of the stem.

Les normaliens frais émoulus: 'The young teachers fresh from the *école normale.*'

générosité: 'magnanimity,' 'high-mindedness.'

la Sainte Inquisition: the 'Inquisition' (officially styled the 'Holy Office') was the name given to the ecclesiastical tribunal dealing with the suppression of heresy and all other offences against Catholic orthodoxy. Fully organized by 1229, it reached its height in the fifteenth century in Spain.

23. **l'Assommoir:** Émile Zola's novel *L'Assommoir*, 'The Dram-Shop' (1877), showed the besotting effects of alcohol.

vis d'Archimède: 'Archimedean screw,' an instrument for raising water by means of a tube in the form of a screw wound round a cylinder.

Polyeucte: the hero of Corneille's Christian tragedy *Polyeucte*; the allusion is to Polyeucte's profanation of the Roman gods in the temple, as described by Stratonice in Act III, Scene 2.

24. **abstractions:** 'philosophical (*or* abstract) problems.'

le brevet supérieur: see note to p. 21.

la « promotion »: 'the year's batch.'

déhiscence: 'dehiscence,' a botanical term denoting the bursting open of seed-vessels.

au passage des processions: 'when (religious) processions went by.'

au passage: 'during his short tenure of office.'

les sous-préfectures: each *département* in France is under a *préfet*, responsible for the civil administration. A *département* is divided into *sous-préfectures*, each of which is under a *sous-préfet*.

Cours supérieur . . . Cours complémentaire: see note to p. 21.

palmes académiques: a decoration awarded by the *Ministère de*

l'Instruction publique (now termed the *Ministère de l'Éducation nationale*) in recognition of services rendered in the field of education. The order, instituted in 1808, has two classes: *officier d'Académie* and *officier de l'Instruction publique*. There is an amusing scene in Pagnol's *Topaze* (I, iii) in which Topaze, who had applied for the *palmes,* is told by the *directeur* of his school that the *inspecteur d'Académie* had declared: "Dites bien à M. Topaze que pour cette année je lui décerne les palmes moralement."

25. **ces maîtres d'autrefois:** this tribute to the *instituteurs* of the Third Republic is fully merited. These teachers included some of the finest products of the French educational system and many famous men and women have borne testimony to the debt they owe to the training they received in the *école communale*. The guiding principle of primary education in France was ''that a positive set of beliefs and moral values had to be impressed upon each new generation. The State teachers' training colleges—the *écoles normales*—provided the necessary staff of highly indoctrinated teachers, drilled in anti-clerical sentiments and barred by the syllabus from providing any religious instruction. The result was an army of Radical and Socialist sympathisers—lay missionaries—dispersed in strong strategic positions in every Commune, whether village or township, throughout France. . . . Whatever the lot of the school teachers, which varied greatly from district to district and which improved considerably in the twentieth century, their accumulative influence on democratic spirit was enormous'' (David Thomson, *Democracy in France*, Oxford University Press, published under the auspices of the Royal Institute of International Affairs). **déshérité:** 'underprivileged.'

avait dû à cet exploit de débuter: 'was able, as a result of this achievement, to begin his career.'

et un gracié de justesse: 'and one reprieved at the last moment.'

Inspecteur . . . Recteur . . . Ministre: for purposes of educational administration France is divided into sixteen regions (seventeen including Algiers) called *académies*, in each of which there is a university which provides higher education. At the head of each university there is a *recteur* who is also *recteur de l'académie*, and as such is responsible for all public instruction within the region. In each *département* there are *inspecteurs d'Académie*, chosen by the *ministre*, and one of their functions is to recommend *instituteurs* for appointment.

grand papier: 'stamped official foolscap.'

26. **il était sorti... dans un bon rang:** 'he had finished well up on the list of successful candidates.'

fosse: 'bark-pit.'

santons: 'clay figures' for adorning Christmas cribs. These brightly coloured hand-made little figures represent, in addition to the persons associated with the Nativity, various traditional Provençal types. The models and moulds have been handed down from generation to generation since the seventeenth century. At Christmas time *la foire aux santons* is held in Marseilles.

la Noël: *Noël* is masculine; *la Noël* is elliptical for *la fête de Noël*, hence *à la fête de Noël, à la Noël, à Noël.*

assez important: 'biggish.'

plaisante: here has its older meaning of 'pleasant,' 'agreeable,' 'pleasing' and not its more usual modern sense of 'funny,' 'amusing,' 'droll.'

tirait si bien aux boules: 'was such a good marksman at bowls.'

qu'on n'en payait pas le loyer: free accommodation is often provided for *instituteurs.*

27. **le faire:** 'how to go about it.'

c'est toi qui m'as fait ça: 'all this is *your* doing.'

le survenant: 'the future arrival.'

comportement: 'behaviour.'

La Ciotat: seaport with large dockyards, south-east of Marseilles, in the Bouches-du-Rhône *département.*

la mer latine: i.e., the Mediterranean.

croquants aux amandes: 'crisp almond-biscuits.'

frangipane: 'frangipane,' a kind of almond cream or paste. Originally the word was used of a perfume, from the name of its Italian inventor, Frangipani.

Elle avait pris de belles couleurs: 'Her cheeks had become rosy.'

s'annonçait le mieux du monde: 'promised to turn out swimmingly.'

28. **mettre en route:** 'prepare.'

à fleurs: 'with a floral design.'

pleurant à grosses larmes: 'weeping copiously (*or* bitterly).' *Pleurer à chaudes larmes* is also used.

boghey: 'buggy,' 'light gig'; a light open two-wheeled carriage. The spellings *boghei* and *boguet* are also found.

délivrer: i.e., to deliver of a child.

29. **Cassis:** picturesque old port noted for its *calanques*, little narrow creeks which sometimes penetrate as much as a mile inland. "Qu' a vist Paris e noun Cassis a ren vist" (Mistral).

l'abbé Barthélémy: l'abbé Jean-Jacques Barthélémy (1716-1795)

was a learned antiquarian and numismatist who, in his *Voyage du jeune Anacharsis en Grèce* (1788), described the imaginary visit of a young Scythian to Greece in the time of Philip of Macedon and thereby contrived to give a picturesque account of the public and private life of the Greeks in the 4th century B.C.

fauteuil: i.e., one of the forty seats in the *Académie française*. The members of this 'Illustre Compagnie' are often referred to as *les Quarante* or *les Immortels*.

30. **Cours:** "Sorte d'avenue plantée d'arbres qui sert, dans les villes, de lieu de promenade ou de passage" (Robert). Such public walks are very frequent in towns of the Midi.

me lance . . . au vol: 'throws me up and catches me in the air.'

Ateliers des Forges et Chantiers: 'Ironworks and Dockyards.'

Coutances: in the *département* of La Manche; south of Cherbourg and south-west of Saint-Lô.

31. **un blond tirant sur le roux:** 'fair-haired with a touch of ginger'; *tirant sur* = 'tending to,' 'bordering on.'

ficelle: the piece of string for measuring the distance between the bowls and the jack (*le cochonnet*).

32. **mise à mort:** 'killing,' 'slaughtering.'

tenait des propos: 'made remarks.'

au passage: 'on her way past.'

33. **abécédaire:** 'spelling-book.'

35. **brevet élémentaire:** see note to p. 21.

drame éclair: 'lightning-catastrophe.' Cp. *guerre éclair*, 'lightning-war,' 'blitzkrieg.'

36. **mourir suffoqué:** 'choking to death.'

la mère d'Achille: when Achilles was an infant, his mother Thetis plunged him in the Styx, thus rendering him invulnerable, except in the heel by which she held him.

Vidal-Lablache: Paul Vidal de La Blache (1845-1918), one of the first modern, scientific geographers. He wrote many books on geographical subjects and was responsible for the well-known *Atlas général Vidal de La Blache*.

37. **parc Borély:** a vast park in Marseilles. It contains a museum which was formerly the château Borély, the home, till 1856, of the Borély family, wealthy Marseilles merchants.

parc de Saint-Cloud: to the west of Paris, on the left bank of the Seine; much favoured by Parisians for an outing.

Prado: the Avenue du Prado; this famous broad, tree-lined promenade in a fashionable residential quarter leads down to the *plage du Prado.*

38. **à force de palmes:** 'paddling vigorously'. *Palmes*='webbed feet.'
campement: 'camping-ground', 'resting-place.'
plaisantes: see note to p. 26.
un blasé: 'a bored, indifferent fellow.'

39. **couler à pic:** 'sinking like a stone,' 'sinking on the spot.'
dur-à-cuire: F: 'tough customer'; usually applied to a person, 'hardened old sinner,' 'tough nut,' 'tough 'un.'

40. **à bout de bras:** 'held out at arm's length.'
berger des ânes: 'donkey-man.'
en jouant aux cachettes: Prov.=*en jouant à cache-cache.*

41. **Ça, pour être beau, il n'est pas beau:** 'Handsome, *that* one can't say' *or* 'Handsome? He's anything but.' *Pour* here has the force of *pour ce qui est de . . .,* 'with regard to . . .,' 'as for . . .'
les ailes: 'the curly brim.'

42. **Thomas . . . Jules:** both words are used in popular speech for 'chamber-pot,' 'jerry.'
Roussillon: le Roussillon is an old province (capital Perpignan) which was united to the crown of France in 1659 and now forms the *département* of the Pyrénées-Orientales. It is famous for its wines. Since le Roussillon is so near Catalonia in the north-east of Spain, its inhabitants are often referred to as *Catalans.*
Certificat d'Etudes: see note to p. 21.
meurtris par le rond de cuir: 'their backsides sore from sitting on their leather cushions.' *Le rond de cuir* is the round leather chair-cushion formerly used in offices, etc. Hence the term *un rond-de-cuir* to denote a 'clerk' (especially one in the service of the Government), a 'pen-pusher,' a 'quill-driver,' or a 'petty bureaucrat.'
escarmouches amicales: this friendly skirmish reminds one of a similar discussion in *La Communale* by Jean L'Hote (1957), in which a boy's father, who is an *instituteur,* argues with the boy's uncle, who is an *inspecteur des succursales* for the firm of Félix Potin: "Pour sortir vainqueur du débat, mon oncle Henri se sert alors d'une ruse perfide. —Et les vacances! Qu'est-ce que tu en fais des vacances? Deux mois et demi à se baguenauder en automobile! . . ."

43. **c'était un comble:** 'it was the limit,' 'it capped all.'
père Dupanloup: Monseigneur Félix-Antoine-Philibert Dupanloup (1802-1878), theologian, educationalist, preacher and polemist, Bishop of Orleans. For many years he crusaded against the religious

indifference of his countrymen. The *chansonnette* referred to contained extremely ribald comments on the *vénérable père*.

manger son Dieu ... gobelets: allusions to the Eucharist. *Manger le bon Dieu* is P: for 'to receive Holy Communion,' 'to partake of the Holy Sacrament.'

Calas: Jean Calas (1698-1762) was a Protestant cloth merchant of Toulouse who was brutally and cruelly executed on the false charge of having murdered his son because the latter wished to become a Roman Catholic. Voltaire took up the case and succeeded in having the verdict quashed and Calas's innocence established in 1765.

Huss: Bohemian preacher of the Reformation and follower of Wycliffe. He was convicted of heresy by the Council of Constance and burnt alive in 1415.

la papesse Jeanne: 'Pope Joan,' a mythical female pope, who was supposed to have occupied this position as John VIII between Leo IV and Benedict III in the ninth century.

rigoler ... dans ma barbe: a variant of *rire dans sa barbe*, 'to laugh in (*or* up) one's sleeve.'

escamotaient: 'covered up.'

44. **sur le mode badin:** 'airily.'

lui: i.e., *à ma conscience*.

45. **lac Titicaca:** a vast lake in South America on the boundaries of Peru and Bolivia. The boy's *joie inépuisable* was probably due to the sound of the name: *titi* made him think of *pipi*, a nursery word for 'wee-wee,' and *caca*, a nursery word for 'excrement.'

Louis X le Hutin: King of France from 1314 to 1316; *hutin* is an old word meaning 'headstrong.'

hibouchougenou: i.e., the list of nouns ending in -*ou* which take an *x* in the plural.

Pieds Nickelés: characters in an illustrated children's 'comic' of the same name.

faire sauter les crêpes de la Chandeleur: 'to toss the pancakes at Candlemas'; an allusion to an old custom which, according to tradition, ensured wealth throughout the year. To make certain of success, it was essential to hold in one's hand at one and the same time a coin and the handle of the frying-pan while one tossed the pancakes.

dans le passé: 'in retrospect.'

46. **de mirliton:** 'like those of a toy flute.' A *mirliton* is a tube made of reed or cardboard with a vibrating parchment, or onion peel, or gold-beater's skin at each end, and two holes in the side.

Elle nous la mange: 'She's eating our mother.' The *nous* is an

example of the so-called 'ethic' dative. According to C. Rostaing (*Le Français moderne*, janvier 1942), ''une des caractéristiques du français de Marseille et de la Provence est l'extension du *dativus ethicus*.''

tous les jeudis: in French schools there are no classes on Thursdays.

pièce noire: 'undercut,' 'loin-end.'

c'est: *ce, cela* and *ça* are often applied, mostly in familiar speech, to persons. With reference to adults, such a use generally has disparaging or contemptuous force, but applied to children it may imply sympathy or affection.

c'est déjà beaucoup: 'that's quite old enough.'

pensive et maléfique: 'thoughtfully and ominously.'

48. **dégustâmes:** 'polished off,' 'gobbled up.'

49. **lendemain:** see note to *tous les jeudis*, p. 46.

 Crapaud: in P: usage = 'brat,' 'kid,' 'urchin'; here it is used affectionately, 'laddie,' 'sonny.'

 me laver à grande eau: 'to have a thorough wash-down.'

 bruiteurs: *bruiteur* (or *bruitiste*) is the 'sound-effects man,' the person who makes the 'noises off.'

50. **coup de bélier:** '(water-) hammering,' the percussion made by water in a pipe when a tap is turned off; *bélier* here = *bélier hydraulique*, 'hydraulic ram.'

 Croquignol: one of the characters in the *Pieds Nickelés* (see note to p. 45).

 après un croche-pied à: 'after tripping up'; *croche-pied* = *croc-en-jambe*.

 j'eus terminé: the *passé antérieur* is used in simple sentences to indicate the completion of an action when there is an adverb or adverbial phrase (here *dans le délai prescrit*) indicating the time taken to accomplish the action, or its rapid accomplishment.

51. **garrigue:** 'wasteland,' 'moorland,' 'scrub' (in Provence). The spelling *garigue* is also found. ''On donne le nom de garrigue à la végétation constituée par de la broussaille formée de buissons épars et de taches herbacées desséchées en été, qui couvre les terrains arides et plus ou moins rocailleux à sous-sol calcaire de la région méditerranéenne'' (E. de Martonne, *Traité de Géographie physique*). See also note to *chênes-kermès*, p. 75.

 sinon tu vas nous faire encore une angine: 'otherwise we'll have you on our hands again with another dose of tonsillitis.' For the force of the *nous* see note to p. 46.

 passion: in the sense of 'absorbing pursuit.'

52. toucher son mandat: 'drawing his salary'; lit. 'cashing his money order (*or* Treasury warrant).'

compas diviseur: 'dividers.'

traînaient un peu partout dans la maison: 'littered every corner of the house.' *Un peu partout* = 'here, there and everywhere,' 'all over the place.'

îles Fidji: 'Fiji Islands.'

Pasteur: Louis Pasteur (1822–1895), the famous chemist and biologist, the founder of the science of bacteriology and the discoverer of the method of inoculation for hydrophobia.

ce qu'il achetait: 'what induced him to buy.'

mise en forme: 'shaping.'

53. collier à douches: 'shower-bath ring.'

poire à lavements: 'enema-syringe bulb.'

pistolet à bouchon: 'pop-gun.'

54. la mécanique: i.e., the brake, as explained on p. 28 of the text.

charreton: or *charretin*, a dial. word meaning a 'small, flat hand-cart.'

plateau: 'flat bottom.'

pompe à incendie: an old-fashioned wheeled *pompe à bras.*

55. gargoulette: or *gargouillette*, 'goglet,' 'gugglet,' 'porous water-cooler.' A synonym is *alcarazas*, 'alcarraza.' Cp. ''Elle tenait déjà par son anse une ''gargoulette,'' c'est-à-dire une cruche en terre poreuse qui avait la forme d'un coq'' (Pagnol, *Le Temps des Secrets*).

que la rouille appareillait: 'all alike in their rustiness.'

arrimé: 'secured.'

Ça fait: 'That comes to,' 'That'll be.'

d'époque: 'a genuine antique,' 'a period piece.'

Marie-Antoinette: daughter of Francis I, Emperor of Austria, and Maria Theresa, and wife of Louis XVI of France. She was condemned to death by the Revolutionary Tribunal and executed on October 16th, 1793.

le roi Hérode: Herod the Great, king of Judaea (40–04 B.C.).

Là, je vous arrête: 'Hold on a minute.'

des espèces de cocottes en bois: this seems to be the *brocanteur*'s attempt to describe some kind of receptacle for storing things; he compares them to *cocottes*, 'round stew-pans,' generally of cast-iron.

vous me faites le tout à: 'you'll let me have the lot for.'

56. Il faudrait bien!: 'I'd have to!', 'There'd be nothing else for it!'

Vous êtes tombé dans ce coup-là: 'You've let yourself in for this.'

Mais quoi!: 'But such is life!', 'But that's how it is!'

vous êtes droit comme un i: 'your back's as straight as a ramrod.'

ça: F: for *il.*

raccourcir . . . allonger: 'reduce . . . add to.'

table de nuit: 'bedside table.'

un fusil à pierre, mais à capsule: 'a flint-lock, but a percussion-gun.'

57. **Avez-vous saisi?:** 'Do you get it?'

Abd-el-Kader: famous Arab emir, the great opponent of the conquest of Algeria by the French, against whom he warred in North Africa from 1832 to 1847, when he surrendered. After being interned he was set free in 1853 and became a faithful friend of France.

Mais on a vu plus fort!: 'But stranger things have been known!'

une pièce de collection: 'a collector's piece.'

Est-ce que ça va?: 'Do you agree?', 'Is it a deal?'

la misère: 'extreme poverty.'

Avec quatre bouts . . . la farce: 'You'll find that four pieces of wood will do the trick.'

60. **ont une grande malice:** 'are full of mischievous tricks.'

aux dires de: *au(x) dire(s) de . . .,* 'according to . . .'

le prince Bonaparte: Napoléon-Eugène-Louis-Jean-Joseph Bonaparte (1856-1879), known as *le Prince Impérial*, was the only son of Napoleon III and the Empress Eugénie. At the fall of the Second Empire (1870) he went with his mother to England, where he was educated at the Royal Military Academy at Woolwich. In 1879 he took part in the British expedition against the Zulus and was killed in battle.

bec Matador: brand name of a type of lamp 'burner.'

champignon: 'cowl.'

cheminée: 'lamp-chimney.'

61. **puzzle:** 'jig-saw puzzle.'

revendiquer: = *réclamer,* 'to complain,' 'to lodge a complaint.' *Revendiquer* is normally used transitively, 'to claim,' 'to lay a claim to.'

assortir: = *accompagner,* 'to supplement'; the usual meaning of *assortir* is 'to match'.

A grand renfort: 'With a liberal application.'

galettes: 'slabs.'

affaires: 'bargains.'

62. **la reine Ranavalo:** Ranavalo (or Rànavàlona) III (1864-1917) was the last queen of Madagascar.

63. **contes d'Andersen:** the famous fairy-tales by the Danish writer Hans Christian Andersen (1805-1875).

Alphonse Daudet: the well-known French author (1840-1897) of

many novels and short stories. His best-known *contes* are *Lettres de mon Moulin* and *Contes du lundi*.

rapetissés et désenchantés: 'dwarfed and bereft of their charm.'

cigales: the *cigale*, 'cicada', with its characteristic 'chirp', is a transparent-winged insect emblematic of the Midi.

nous narguaient: 'chirped defiance at us.'

importante: 'large,' 'sizeable.'

puissance: 'stalwart services.'

64. **la Barasse:** in the northern *banlieue* of Marseilles.

pedibus cum jambis: 'on Shanks' mare (*or* pony)'; a jocular, familiar phrase; sometimes *pedibus* alone is used.

poches plaquées: 'patch-pockets.'

65. **jeu:** here has the force of 'play,' 'looseness,' 'slack'—e.g., *La roue a trop de jeu*, 'There is too much play in the wheel.'

arrivaient à bout de jeu: 'reached the limit of play.'

feutrée: 'matted.'

ramollie: 'limp.'

Cette fois-ci, nous y sommes!: 'Now we're ready!', 'Now we're all right!'

66. **un petit d'homme:** 'an offspring of Man.'

ce bolide de fer et d'acier: 'this hurtling mass of iron and steel.' *Bolide* (lit. 'bolide,' 'fire-ball,' 'large meteor') is sometimes used of a vehicle which attains or can attain a great speed.

était moins large que le chemin: 'was not on a par with the width of the road.'

67. **se font:** 'grow.'

jeux de patience: puzzles in which small balls have to be skilfully manœuvred into certain positions.

68. **seraient tracés au cordeau:** (or *tirés au cordeau*) 'would be perfectly straight,' 'would run as straight as a bowstring.'

politico-sociales: 'socio-political.'

69. **assommoir:** 'low tavern,' 'drinking den.' See note to p. 23.

dont le charme faisait justement le danger: 'whose very charm constituted its danger.'

craquant: 'crunchy,' 'crisp.'

la fève du gâteau des Rois: the Feast of Epiphany (or Twelfth Night or Feast of the Three Kings) is celebrated in France by a family dinner at which a *gâteau des Rois*, a *galette* of puff pastry, is served. In it is hidden a 'bean' (*fève*) or small china doll, and the person who gets it is proclaimed King (or Queen) for the evening and elects a Queen (or King).

balancelles: a *balancelle* is a large, single-masted Spanish or Neapolitan bark: "embarcation pointue aux deux extrémités, munie d'un immense beaupré et d'un grand mât très incliné sur l'avant" (Robert).

70. **naissance:** i.e., where the shaft joined the cart.

 deux à-pics: *un à-pic* is a 'bluff,' 'steep,' 'sheer cliff.'

 de lui-même: 'of its own accord.'

71. **rentra la tête dans les épaules:** 'ducked his head between his shoulders.'

 de lui-même: see note to p. 70.

 Pico!: 'Lash him!'

 Voilà ce que c'est . . . de: 'That's what comes of . . . '

72. **carcan, carogne:** opprobrious epithets applied to worthless or broken-down horses, 'old hack,' 'screw,' 'nag.' *Carogne* is more often spelt *charogne*.

 traverse: 'side-lane.'

 placette: *petite place publique.*

 vive: 'undressed.' For this use of *vif*, cp. *roc vif* or *roche à vif*, 'solid rock.'

73. **brioches:** a familiar euphemism for *crottes*, 'droppings' (of horses, mules, etc.,). A *brioche* is really a spongy milk bun.

74. **Çui-là:** F: for *Celui-là*.

 pèlerine: 'tippet.'

 On lui dit aussi: 'It's also called,' 'They also call it.' For this local use of *dire*, cp. "Alors, si je ne te donne rien, tu ne m'appelleras jamais monsieur Panisse?—Vous n'avez pas besoin de rien me donner. Vous, je vous dis toujours monsieur Panisse, même quand vous n'êtes pas là" (Pagnol, *Fanny*, II,i).

 une pétarade: 'a succession of farts' (of horse, mule).

75. **Saint-Loup:** a *faubourg* of Marseilles.

 se replia: 'fell back,' 'retreated.'

 un couillon: P: 'an idiot,' 'a clot,' 'a twerp,' 'a B.F.'

 cabanon: (in Provence) 'temporary dwelling *or* shelter', 'summer cottage'.

 chênes-kermès: 'kermes-oaks,' 'dwarf oaks.' "Le chêne-kermès (*Quercus coccifera*) occupe de sa broussaille naine les sols pierreux et rocailleux de la région méditerranéenne; son nom patois, *garoulia*, en Languedoc, d'où on fait *garrigue*, sert à désigner les espaces déboisés et broussailleux où il domine habituellement avec les cistes" (E. de Martonne, *Traité de Géographie physique*).

 obscurantiste: 'obscurantist,' i.e., reactionary, opposed to enlightenment and reform.

calotins: 'churchy,' 'priest-ridden.' *Un calotin,* originally applied to a priest (one who wears a *calotte,* 'skull-cap'), is a contemptuous term for a supporter of the clerical party or for an over-zealous churchgoer.

jusqu'à tant: *jusqu'à tant que* is archaic and popular for *jusqu'à ce que.*

76. **talons « Louis XV »:** high heels, 'Louis heels.'

 Gros bêta: 'You big silly.'

77. **« baouco »:** Prov. 'moss.'

 le parfum futur de Virgile: Vergil, *Aeneid,* i, 436: 'Fervet opus, redolentque thymo fragrantia mella' ("There is seething activity and the honeycombs are fragrant with thyme"); *Eclogues,* vii,37: 'Nerine Galatea, thymo mihi dulcior Hyblae' ("Galatea, daughter of Nereus, sweeter to me than thyme of Hybla").

 Il vaut bien mieux le pèbre d'aï: 'It isn't a patch on *pèbre d'aï*' (a kind of 'wild thyme', akin to *serpolet*).

 ça ne peut pas se dire: 'words can't describe it.'

 le hacher finfinfin: 'chop it up very, very fine.'

78. **brinqueballante:** from the F: verb *brinqueballer* (or *bringuebal(l)er),* 'to sway to and fro.'

 ecchymose: 'ecchymosis,' 'bruise.'

 Napoléon III: Charles-Louis-Napoléon Bonaparte (1808-1873), Emperor of the French from 1852 to 1870, the third son of Napoleon I's brother Louis Bonaparte. The old *pièce de dix centimes* (*deux sous*) was made of brass and was the same size as the present penny.

 Bastide: a *bastide* in Provence is a kind of farmhouse.

79. **folles:** 'straggling.'

80. **vous aviez de quoi nous attendre!:** 'you had something to help you wait for us!'

 vous saurez: 'you must know.' The future is used here with the force of an imperative.

 travailleurs de force: 'heavy workers.'

 deux doigts: like the English 'finger', *un doigt de* . . . is used to indicate roughly a small quantity, 'a nip,' 'a thimbleful,' 'a toothful.'

81. **A-t-on idée:** elliptical for *A-t-on idée d'être si bête* (or *d'une chose pareille*)? 'Can you imagine it?', 'How can one be such a fool?', 'Whoever heard of such a thing?', 'The idea of it!'

 Je ne vous le fais pas dire: 'You're certainly right there.' The implication of this phrase is: 'I'm not putting the words in your mouth.'

 de vous casser la figure: F: 'from bashing your face in.'

82. **de quoi?:** a P: phrase (sometimes expanded to *De quoi je me mêle!* or *De quoi tu te mêles!*) said to some one interfering, and expressing

defiance, aggressiveness, indignation or contempt. Bearing in mind the previous and following remarks of François, we might render freely by: 'And what's that, I'd like to know?—This piece of wood!'

Celle-là est forte!: lit. 'That's coming it a bit strong!' or 'Well, I never!' *Elle* and *celle-là* are sometimes used with neuter force in expressions belonging to familiar speech and represent some feminine noun like *histoire*, *plaisanterie*, *chose*, etc. To bring out the play on words in *forte*, we might render by: 'That's a bit thick!—Very thick!'

comme ça: 'as it is,' 'already.'

ça ne vous vaut rien: 'it's not good for you,' 'it doesn't do you any good.'

Allez zou!:=*Allez oust(e)!* Both expressions are P: for 'Hop it!', 'Scram!', 'Clear off!', 'Scoot!'

bourgeois: 'swells,' 'toffs.'

ça: see note to p. 46.

péniblement: 'with difficulty' (because he was drunk).

83. **l'eau à la pile:** 'running-water in the sink.' *Pile* is a local word for 'stone sink.'

 audacieux: 'enterprising.'

 sommets de l'Etoile: of the *chaîne de l'Etoile*, north of Marseilles.

 pétrole: 'paraffin.'

84. **de secours:** 'emergency.'

 lampe Tempête: 'hurricane-lamp.'

 le phare de Planier: lighthouse on the *île de Planier*, south-west of Marseilles.

 capricornes: 'capricorn beetles.'

 lucanes: 'stag-beetles.'

 appellation: 'name,' 'term.'

85. **que:** 'anything but.'

 plein: 'solid.'

 bec de lance: 'water-hose nozzle'; *lance*=*lance d'arrosage*, *lance à eau*.

 façon de faire: 'method.'

86. **serpent-boa:** 'boa-constrictor.'

 tressautantes: 'fluttering.'

 habillaient: 'enveloped,' 'swaddled.'

87. **coller:** 'clog.'

88. **colle même le fer:** an allusion to the advertisement: *La seccotine colle même le fer.*

 mousse: 'foam-like mass.'

 je crus de mon devoir d'enlever: 'I thought it my duty to remove.' Cp. *Il est de mon devoir de . . .*, 'It is my duty to . . .'

89. Gulliver: the hero of Swift's *Gulliver's Travels* (1726).

ancrages: 'mooring-parties.'

ravisseuses: 'predatory.'

extérioriser: 'to manifest outwardly.'

90. comme fait un cuisinier pour un homard: when *faire* is used, chiefly after *comme* or comparative *que*, as a *verbum vicarium* (i.e., as representing a previous verb) and is followed by a direct object, the latter is usually preceded by *de*—e.g. "Elle le traita comme un chat fait d'une souris" (Maupassant)—but *pour* is also found.

Il: i.e., *le* "*pregadiou*".

C'est bien fait pour lui: 'It serves him right.'

je m'en fous: 'I don't care a hang,' 'I couldn't care less.' P: for the F: *je m'en fiche*.

91. doreur de pilules: cp. *dorer la pilule*, 'to gild (*or* to sugar) the pill.'

Fenimore Cooper: James Fenimore Cooper (1789-1851), American writer of novels of adventure about Red Indians and American pioneer life. Translations of his books were very popular in France. His best-known works are: *The Pioneers, The Last of the Mohicans, The Prairie, The Pathfinder, The Deerslayer*.

Gustave Aymard: (or Aimard) was the pseudonym of the French writer Oliver Gloux (1818-1883). He wrote a number of novels (*Les Trappeurs de l'Arkansas, Le Chercheur de Pistes, Les Bandits de l'Arizona*, etc.) about American Indian life, in the Fenimore Cooper tradition.

grizzlys: 'grizzly bears.' The spellings *un grizzli, un grizzlé* are also found.

Indiens Comanches: 'Comanches,' a tribe of North American Indians.

92. Pawnie: (or *Paunie*) 'Pawnee.' The Pawnees were another North American Indian tribe.

achevèrent de donner: 'gave a finishing touch of . . . '

nos fonds de culotte: 'the seats of our breeches.'

Longue Carabine: the Indians called the trappers 'Long Rifles.'

93. du Grand Manitou: the Manitou (an Algonquin word meaning 'The Great Spirit') was the supreme spirit of reverence among the North American Indians.

pemmican: 'pemmican,' a North American Indian cake of dried and pounded meat mixed with melted fat.

94. M. Fallières: Armand Fallières (1841-1931), French politician; president of the Sénat in 1899 and of the Republic from 1906 to 1913.

Louis XIV: *le Roi Soleil*, King of France from 1643 to 1715.

un cardinal: Jean, Cardinal de La Balue (1421-1491) was imprisoned (1469-1480) in an iron cage by Louis XI for conspiring with Charles the Bold.

« **Lagabèle** »: the boy's version of *la gabelle*, the iniquitous State monopoly of the 'salt-tax' under the *ancien régime*.

« **les radicots** »: i.e., *les radicaux*, just as "radicot" in the next sentence stands for *radical*. One of the main points of the Radical party's programme at that time was the disestablishment of the Church.

M. Comble: the boy's version of Combes. Émile Combes (1835-1921) was a French politician and one of the leaders of the Radical party. It was under his leadership that in 1905 the *Bloc des Gauches* passed the law separating Church and State.

la fine fleur de la canaille: 'a blackguard second to none,' 'a blackguard of the first water.'

papier timbré: 'paper officially stamped.'

« **les framassons** »: the boy's version of *les francs-maçons*, 'freemasons'; freemasonry in France is considered to have a political and anti-clerical tendency.

« **les jézuites** »: i.e., *les Jésuites*, 'Jesuits,' members of the *Compagnie de Jésus*, founded in 1534 by the Spaniard St. Ignatius Loyola in order to combat the heresies of the Reformation and authorised by papal bull in 1540.

« **tartruffes** »: i.e., *tartuffes*, 'sanctimonious hypocrites'; from the character in Molière's *Le Tartuffe*.

creusaient des « galeries »: 'were tunnelling (*or* undermining) the ground.'

le milliard des congrégations: an allusion to the measures of expropriation of Church funds by lay bodies at the time of the *séparation de l'Église et de l'État* (1905).

ne tenait pas à: 'set no great store by.'

font pour les timbres: 'collect stamps.' For the construction, see note to p. 90.

96. **pierre noire:** = *silex noir*, 'chert,' 'rock-flint.'

Lamennais: Félicité-Robert de Lamennais (1782-1854), philosopher, religious writer and Christian democrat.

périple: 'long and circuitous journey'; lit. 'periplus,' 'circum-navigation.'

97. **vous pensez bien:** 'surely you realize,' 'can't you see?'

98. **d'une stupidité verticale:** 'the height of stupidity.'

prêchi-prêcha: F: 'sermonizing,' 'preachifying.'

99. **un morceau de choix:** 'a titbit.'

100. faire sauter: 'to toss.'

101. Je fis un trémolo: 'I put a quaver in my voice.'

102. pince à vis: 'screw-press,' 'vice.'

 bourres grasses: 'wads,' for keeping powder or shot compact in a fire-arm.

103. ni poil ni plume: 'beast or bird'; cp. *chasser au poil et à la plume*, 'to shoot fur and feather'—i.e., game, beasts and birds.

 jaloux: 'jealous' in the sense of 'vigilant guardians': cp. *jaloux de la chasse* on p. 163.

 Ça, c'est de la malice!: 'That was crafty of you!'

 brochette: a number of birds cooked on the same 'skewer', 'small spit'.

 becque-figues: *un becque-figue* (or *becfigue*) is a 'beccafico,' a small bird of the warbler family eaten in Mediterranean countries.

104. en clignant de l'œil: 'cocking his eye.'

 pètes: P:=*crottes*, 'droppings.'

 gros mots: 'rude words.'

105. c'est: F:=*est-ce?*

 au départ: 'when it takes wing,' 'when you flush it'; *départ* here= *envolée.*

 bartavelle: 'rock partridge.' See p. 164.

 compagnie: 'covey.'

106. ça m'arrangerait bien!: 'that would suit me fine!'

 chimère: 'pipe dream.'

 Fichtrre!: F:=*Fichtre!* 'Rather!'

107. il s'était mis braconnier: 'he had gone in for poaching.' Cp. *s'établir boucher*, etc., 'to set up as a butcher,' etc.

 il tirait juste: 'he was a crack shot.'

 écœurés: 'of disgust.'

 Il ferait beau voir!: F: 'What a hope!', 'That'll be the day!' *Il ferait beau voir (cela)* is an ironical phrase; lit. 'It would be a fine thing to behold!'

 au défaut de l'épaule gauche: 'just below the left shoulder.' *Le défaut de l'épaule* is the shoulder joint, the hollow below the shoulder, *défaut* denoting the place where something terminates.

109. gémissait: *gémir* is normally an intransitive verb, but it can also be used, as here, transitively, with a cognate accusative—e.g. *gémir une prière*, 'to moan out a prayer.'

 noyé: 'sunk,' i.e., carved out.

 Verney-Carron: name of the manufacturer.

110. **cartonnade:** 'cardboard-case.'

 va faire une pauvre figure . . .: 'will make a poor show compared with.'

 pétoire: 'fire-arm'; lit. 'pop-gun.'

 Seigneur Dieu!: 'Good Lord!'

 un douze: 'a twelve-bore.'

 broche: 'pin(-fire).' Cp. *une cartouche à broche*, 'a pin-fire cartridge'; *un fusil à broche*, 'a pin-fire gun.'

111. **feu de peloton:** 'volley-firing.'

 je n'ai rien d'un . . .: 'I'm not a bit like a . . .'

 vinassiers: 'wine-bibbers.' A *vinassier* is a heavy and indiscriminate wine-drinker. The reference is to *le Roussillon*, where *l'oncle Jules* was born; see note to p. 42. *Vinassier* is a derivative from *vinasse*, 'bad wine.'

 bien en main: 'easy to handle.'

 il monte bien à l'épaule: 'it fits snug to the shoulder.'

112. **nous serons fixés:** 'we'll know what we want to know.'

 Cependant: here has the older meaning of 'In the meantime.'

 Russie: a reference to Napoleon's ill-fated Russian campaign of 1812, which culminated in the disastrous retreat from Moscow.

113. **jaugette:** 'small gauge.'

 sertissage: 'crimping' (of sporting cartridge).

114. **fondre:** 'to cast.'

 enflammé: 'excited.'

 insatisfaction: 'dissatisfaction'; a sixteenth-century word revived in the twentieth century.

 Tu as peur qu'il tombe: the omission of *ne* in this construction is frequent in colloquial speech, and even in literary style there is a tendency in modern French to leave it out.

115. **rudement:** 'jolly.'

 plus fort: 'smarter,' 'cleverer.'

 le gagne: = *le bat*, 'beats him,' 'licks him.' *Gagner quelqu'un* in this sense of 'to beat someone' (at a game) is colloquial.

 s'engager dans: 'to enter for.'

 le Tour de France cycliste: the famous annual cycle race round France.

116. **Je n'en sais fichtre rrien!:** F: '(I'll be) hanged if I know!'

 rraisins de table: 'dessert grapes.'

 doublait: 'would make a "covering" shot'; *doubler une balle*, 'to cover exactly a preceding bullet.'

117. **lorgnette:** = *lorgnette de campagne*, 'field-glasses.'
 expressément: 'explicitly,' 'in so many words.'
 je pris un biais: 'I approached the matter in a roundabout way.'
 un chien dressé: i.e., *un chien dressé à rapporter* (*le gibier*), 'a dog trained to retrieve.'
 vous: another example of the so-called 'ethic' dative; see note to p. 46.
 dans les: = *environ*, 'somewhere about.'
 retrouver: 'retrieve.'
118. **Il a tenu le coup!:** 'It has stood up to it!'
119. **choke:** a 'choke-bore' is the bore of a shot-gun which narrows towards the muzzle and thus keeps the shot together.
120. **Tonton:** F: 'Uncle.'
121. **l'ouverture:** i.e., the first (or opening) day of the shooting season (normally the first Sunday in September); cp. *La chasse est ouverte*, 'The shooting season has begun.'
 décomposer: 'analyse,' 'examine step by step.'
 intensément: 'intently.' "*Intensivement*, seul donné par l'Académie, s'efface toutefois peu à peu devant *intensément*, synonyme nouveau venu, admis par l'usage" (Adolphe V. Thomas, *Dictionnaire des difficultés de la langue française*).
122. **nous rentrions ... contractées:** 'all four of us sank our heads between our hunched shoulders.'
 doublés: *un doublé* is a 'doublet (shot).'
 de l'entraînement: 'some practice.'
123. **souliers montants:** = *souliers de chasse*, 'shooting-boots,' covering the ankles.
 bouillie: 'pulp.'
 godets: 'sockets.'
124. **déjà:** 'even so,' 'for a start.'
 Bagatelles!: 'Mere trifles!', 'Small fry!', F: 'Chicken-feed!'
 midi et demie: less usual than *midi et demi*.
 l'entourage: 'the family circle.'
125. **Je fonçai:** 'I took the plunge'; lit. 'I charged.'
 et encore: 'and even then.'
126. **j'enchaînai:** 'I went on'; elliptical for *enchaîner la conversation*, 'to carry on the conversation after an interruption.'
 je rabattrais le gibier sur lui: 'I would drive the game towards him.'
127. **quand je serai mieux entraîné:** 'when I've had more practice.'
 faire l'ouverture: see note to p. 121.
 bien gentiment: 'like a good little boy.'

128. Qu'est-ce qu'il te prend?: 'What's come over you?' *Qu'est-ce qui te prend* is also used.

Je prends des forces: 'I'm building up my strength.'

Et la messe alors, qu'en fais-tu?: 'And besides, what about mass?'

130. je m'en fous: see note to p. 90.

quand même: 'all the same.'

pour pas que tu le voies: a P: form of the F: construction *pour ne pas que* ... for the normal *pour que tu ne le voies pas*.

tu te brosseras: P: 'you've had it!' The original form of the expression was *se brosser le ventre*, 'to go without food,' and, by extension, 'to have to do without something one wants.' Hence *Tu peux te brosser!* 'Don't you wish you may get it!', 'You can whistle for it!'

le sergent Bobillot: Jules Bobillot (1860–1885) died in Tongking after heroically defending Tuyen-Kwang against the Chinese. A statue was erected to him in Paris in 1888.

131. désarroi: 'distress,' 'dismay.'

comédie: 'make-believe,' 'dissimulation,' 'pretence.'

à crever: 'to bursting-point.'

pointait: 'protruded.'

132. un peu partout: see note to p. 52.

sarabande: 'saraband,' which is, strictly speaking, a slow Spanish dance in triple time, but the French word is sometimes used familiarly in the sense of a 'wild, boisterous dance.'

Le Cerf Agile: 'Running Deer.'

ont la langue double: 'are double-tongued.'

133. feu: 'tan.'

134. Ça serait bien fait pour lui: see note to p. 90.

Le jour pointait: 'Day was breaking.'

135. bises: P: 'kisses.'

fusilleurs: 'marksmen.' *Fusilleur* is normally used for someone who executes (a spy, etc.) by shooting.

136. ne serait qu'un jeu: 'would be mere child's-play.'

cades: *un cade*, 'cade,' is a kind of juniper with spreading branches and short, stiff, prickly leaves.

137. barre: see p. 78.

argéras: a kind of gorse.

falaise: high steep rock-face; the word is generally used of a 'cliff' overhanging the sea.

Buffalo-Bill: William Frederick Cody (1846–1917), known as Buffalo Bill, was a great buffalo hunter who acquired fame as an

intrepid scout and killer of Indians. In later life he visited many countries with his picturesque Wild West show.

138. **rabattis ma course:** 'headed back.'

139. **battre un petit entrechat:** a reference to the *petit saut sur place* on p. 138.

à l'exercice:= *à l'exercice à la cible,* 'at target practice.'

l'illustre Raphaël: a renowned player of draughts with whom Pagnol's father used to play. He wrote many books on the technique of the game.

140. **cheminée:** 'chimney': a mountaineering term denoting a narrow, vertical cleft by which a cliff may be climbed.

soit: 'that is to say,' 'say.'

y: 'by so doing.'

141. **Courir ... faire:** equivalent to imperatives, 'Run ... take.'

142. **aspic:** 'lavender.' ''Nom de la lavande mâle qui donne par distillation une huile employée pour la peinture'' (Robert).

un cade gothique: a 'cade' (see note to p. 136) which grows in the shape of a Gothic vault.

un bleu de lessive: 'a laundry-blue,' 'a dolly-blue.'

sur: 'as to.'

143. **figé sur place:** 'rooted to the spot.'

clapier: dial.: 'heap (of stones),' 'scree.'

144. **la malice:** 'the cussedness.'

145. **Petit Poucet:** 'Hop-o'-my-Thumb,' the child who, in Perrault's fairy-tale, led his brothers home again through the forest by means of the pebbles he had dropped along the way.

acheva de perdre le Nord: 'completely lost his bearings.'

déchirants: 'lacerating.'

machete: a Spanish word meaning 'matchet,' a broad-bladed knife used as a weapon and also as a tool for the clearing of trees, etc. There is a French form *machette.*

146. **prévoir le mauvais sort:** 'to provide for emergencies (*or* for adversity).'

n'avait pas épargné: 'had not been sparing with.'

147. **ostensiblement:** this adverb does not mean 'ostensibly' but 'openly,' 'for all to see.'

148. **roulant:** 'rumbling.'

le Cœur Loyal: 'Faithful Heart.'

149. **tiraillements:** 'gnawing pains.'

dans le sens du: 'in the same direction as the,' 'with the.'

Je fis le tour de l'horizon: 'My eyes swept the horizon.'

150. mettais au point: 'perfected.'

151. Sioux . . . Apache: members of North American Indian tribes.

 si ce n'est: 'except.'

 Robinson: i.e., Robinson Crusoe.

152. je continuai . . . mes transports: 'I went on carting my stones.'

 s'époumonait à souffler: 'puffed himself breathless.'

 félonie: 'treachery,' 'perfidy.'

 cursive, ronde, bâtarde: (of handwriting) 'cursive, round-hand, slanting.'

153. la belle affaire!: 'what of it?', 'so what?' An ironical phrase implying 'that was nothing to make a fuss about!'

 gravement: 'solemnly.'

 des écharpes de nuages: cp. "Des nuages roses, en forme d'écharpe, s'allongeaient au-delà des toits" (Flaubert, *L'Éducation sentimentale*, I,v).

 rive: 'slope'; normally said of a watercourse.

 bouleversé de: 'wild with.'

155. bel et bien: 'actually.'

 un arrosoir: 'a spatter' (of bullets).

 elles doivent se foutre de nous!: P: 'they are probably making fun of us!'

156. fût-il: 'even if he be.'

157. je rentrais: an example of the imperfect used for the future perfect in the past, to express vividly what might have taken place under certain conditions.

 j'en ai plein les pattes!: 'my legs have had quite enough!'

 déchargea: 'unloaded.'

158. Je tremblais qu'il ne réussît: 'I was terrified lest he should succeed.' *Trembler* (like *appréhender*, *redouter*, etc.) follows the same rules as for *craindre*.

 l'olivier du lierre: 'the ivy-clad olive-tree.'

 Bonne Mère!: 'Holy Mother!'; a frequent local exclamation and invocation to the Virgin Mary.

159. pour boire frais: 'to have a cool(ing) drink.'

 encore: 'even so,' 'for all that.'

 au bout: 'with the flame.'

 je me laissais faire: 'I offered no resistance', 'I submitted.'

 il fut complètement débartavellisé: i.e., he had quite got over the *bartavelle* exploit. The word has been coined for the occasion.

 couronnement: 'crowning-piece.'

160. nous lui dirons deux mots: 'we'll have a word with it,' i.e., 'we'll let him have it!'

le mit à la bretelle: 'slung it over his shoulder.' *Une bretelle (de fusil)* is 'a rifle-sling.'

oliveraies: = *olivaies, olivettes,* 'olive-plantations,' 'olive-groves.'

en escalier: 'terraced.'

moineaux . . . passereaux: the *moineau* belongs to the 'conirostres,' a group of the order of 'passeres' (*passereaux*).

161. **pièce:** 'specimen.'

 qui c'est qui: P: for *qui* or *qui est-ce qui.*

 où ça?: *ça* is often added to an interrogative or an exclamation in order, as it were, to give a little more 'body' to it.

162. **Pitchounet:** = *petiot,* 'little chap,' 'little man,' 'little 'un.' A diminutive of Prov. *pitchoun* = *petit.*

 grand fusil: 'crack shot.'

 prix: 'reward.'

163. **meurtre:** 'kill.'

 Allauch: eleven kilometres from Marseilles.

 jaloux: see note to p. 103.

 soufflant à rebrousse-plumes: 'blowing the feathers the wrong way'.

164. **saint Hubert:** patron saint of hunters.

 serait: the conditional is used in French to express doubt, when one is unwilling to vouch for the accuracy of a statement; 'is supposed to be.'

 la Major: the Cathedral of Marseilles.

165. **Un coup de chance:** 'A lucky shot,' 'A fluke.'

 Ne bougeons plus!: 'Hold it!' This use of the first person plural of the imperative in giving orders is much more frequent in French than in English.

 un déclic: 'a click.'

166. **sectarisme:** 'sectarianism.'

167. **la tendresse:** P: for *la tendreté,* 'the tender part' (of meat, fruits, vegetables).

 coiffe: 'crown.'

168. **Je la ferai mettre sous verre:** 'I'll have it framed (behind glass)'.

 la mise au point: 'the focusing.'

 J'avais surpris . . . davantage: ''Cette petite phrase donne le ton du livre et de l'espèce d'hagiographie filiale à laquelle s'est jovialement et tendrement adonné l'auteur de *Marius,* où figure aussi un très bon père'' (Émile Henriot, *Le Monde,* mai 1958).

 la farandole: i.e., the air of the 'farandole,' a popular, lively Provençal dance. There is a picturesque description of the *farandole* in the first chapter of Daudet's *Numa Roumestan.*